U0923188

千年地书

大松山考古手记

贵州省文物考古研究所 编

贵州出版集团
贵州人民出版社

图书在版编目（CIP）数据

千年地书 : 大松山考古手记 / 贵州省文物考古研究所编. -- 贵阳 : 贵州人民出版社, 2025. 5. -- ISBN 978-7-221-18992-9

Ⅰ. K878.85

中国国家版本馆 CIP 数据核字第 2025AB9573 号

QIANNIAN DISHU DASONGSHAN KAOGU SHOUJI

千年地书——大松山考古手记

贵州省文物考古研究所 / 编

出版人　朱文迅
策划编辑　潘　浩
责任编辑　陈　章　唐　皓　何文龙
数字编辑　张羽飞
封面设计　熊　锋
版式设计　陈　电　温力民
责任印制　黄红梅

出版发行　贵州出版集团　贵州人民出版社
地　　址　贵阳市观山湖区会展东路 SOHO 办公区 A 座
印　　刷　天津睿和印艺科技有限公司
版　　次　2025 年 5 月第 1 版
印　　次　2025 年 5 月第 1 次印刷
开　　本　787mm×1092mm　1/16
印　　张　15.75
字　　数　230 千字
书　　号　ISBN 978-7-221-18992-9
定　　价　78.00 元

本书获 2023 年贵州省出版传媒
事业发展专项资金资助

本书获 2024 年贵州出版集团有限公司
出版项目资金资助

扫描下方二维码

一起打开大松山考古之门

编委会

代 序

铸牢中华民族共同体意识发展历程的历史见证——大松山墓群

周必素

大松山墓群，位于贵州省贵安新区马场镇，是为了配合贵州医科大学新校区一期项目建设而开展的抢救性考古发掘项目。2022 年 7 月至 2023 年 1 月，贵州省文物考古研究所联合北京大学、四川大学、中山大学对该墓群开展了全面考古发掘，发掘面积13 500平方米，共清理墓葬2 192座，出土各类文物4 000余件（套），取得重大收获，并入选 2022 年度全国十大考古新发现。

一、记录绵延 1400 年的黔中历史

大松山墓群可分为早晚两段。

早段为两晋南朝和隋唐时期，共有墓葬 155 座，主要散布于大松山水库周围的斜坡地带，依山势排列，三两成群，墓向不一，表现为小聚集家族墓地形式。多为石室墓，墓室构筑规整，墓顶为券顶，流行修筑排水沟，部分墓葬有墓道。两晋南朝时期墓葬 92 座，均为石室墓，墓室砌筑整齐，所用石料规整，墓前多带考究的排水沟。隋唐时期墓葬 63 座，仍以石室墓为主，石室墓墓室砌筑不似前期规整，所用石材大小差异明显，流行在墓室前端砌筑凸出墓外的封门；土坑墓较少，墓坑狭长。

晚段为宋元明时期，墓葬共 2 037 座，主要密集分布在坟坝顶区域，呈现出公共大墓地格局。墓葬形制包括石室墓、土坑墓两类。石室墓砌筑较随意，所用

大松山墓群考古现场全景

石料大而粗糙，顶部也由早期券顶变为用石板或条石横盖的平顶或叠涩顶，未发现排水沟。宋代墓葬80座，主要分布在坟坝顶墓地东部，依山势排列。石室墓墓室较窄长，墓室砌筑相对规整，有用大石块砌筑者，亦有用小薄石块垒砌者，墓葬形制和所用石材一定程度体现了对早期墓葬的继承；土坑墓发现不多，仍是狭长形土圹。元代墓葬13座，主要分布于坟坝顶墓地北部，石室墓墓室较宋墓短，墓室砌筑不规整；有少量土坑墓，土圹变宽。明代墓葬1 944座，密集分布于坟坝顶墓地整个区域。石室墓变短变宽，所用石材为较大且不规整的石块，砌筑更

显随意，有的墓葬四壁均直接用石板立砌或侧砌，再于其上铺一至两层石块；土坑墓数量剧增，大小形制不一，但总体规模不如石室墓，与石室墓之间无明显的分布界线，常穿插分布其间，并在坟坝顶西侧斜坡底部形成密集分布区。一定数量的土坑墓在一侧或后壁设有壁龛。

大松山墓群的坟坝顶区域，是一个东高西低的斜坡地带，墓葬从早到晚自东侧高处逐渐往西侧、西北侧低处扩展，从一处墓地即可窥见大松山墓群的发展演变轨迹。

1965 年平坝县马场熊家坡 M46 出土串珠

东侧高处有两晋南朝时期墓葬 1 座和隋唐时期墓葬 3 座，呈现出典型的家族墓地格局。

公共墓地格局从宋代开始形成。80 座宋代墓葬从坟坝顶墓地东侧往西和西南延展，墓向一致，规律分布。元代墓葬分布于宋代墓葬的西北侧，墓向与宋墓一致。宋元时期墓葬均不见打破、叠压关系。

坟坝顶墓地的大规模发展是在明代。根据墓葬现场和出土器物情况，我们将坟坝顶明代墓葬分为四个阶段。第一阶段墓葬以土坑墓为主，主要分布于坟坝顶墓地西侧区域，墓向以南向为主。第二阶段墓葬以土坑墓为大宗，遍布于坟坝顶墓地，但以西北侧最为集中，墓向以西向为主。第三阶段墓葬亦以土坑墓为主，墓向逐渐往西北向偏移。第四阶段墓葬以石室墓为主，土坑墓次之，墓向为西北向。

至此，坟坝顶墓地全部形成。

自两晋南朝至明代，坟坝顶墓地持续使用 1 400 年，浓缩了大松山墓群从两晋南朝和隋唐时期家族墓地到宋元明时期公共墓地发展转变的全过程。特别是宋元明时期的公共墓地阶段，墓葬数量多达 2 037 座，是我国西南地区已经发掘的一处罕见的大型历史时期公共墓地，对于西南地区社会发展和历史变迁的研究有着重要参考价值。

大松山墓群是贵州乃至西南地区已发掘规模最大、延续时间最长的一处历史时期墓群，体现为从家族墓地到公共墓地的巨大转变，发展脉络清晰，反映了黔中地区古代文化进程，堪称一部埋藏于地下的两晋南朝至宋元明时期的“黔中通史”，我们据此建立了贵州地区两晋至明代墓葬的年代标尺。

二、打开西南古代民族的历史画卷

大松山墓群出土文物数量众多，达4 000多件（套）。文物材质丰富，包括金、银、铜、铁、锡、陶、瓷、漆木、玻璃、玉石等，并出土少量文物纺织品。文物类型多样，以生活用品和装饰品为主。生活用品主要有陶瓷器，如釜、罐、壶、瓶、钵、碗、杯、碟等；金属器，主要有铜釜、鍪、鐎斗、杯、盘、匙、镜、钱币、印章和铁鐎斗、三脚、剪、抓钉等；漆木器，主要见于盘、碗、盒等。装饰品丰富，有金花片、发钗、珠子，银梳背、发钗、发簪、凤簪首、耳环、手镯、戒指、饰件，铜条脱、铃、发钗、项饰、手镯、戒指、带饰、挂饰等，还有各类锡及玻璃、琥珀、玛瑙、玉石、海贝等饰件。

这些数量众多、类型丰富、造型独特、工艺精湛的器物，按一定的组合方式随墓主安葬，或摆放于墓室的前后两端，或置于棺内，或随身穿戴，在体现了一定丧葬仪式和丧葬习俗的同时，也反映了“事死如事生”的观念，是墓主生前生活的客观写照，记

来自浙江的青瓷高足八方杯（明中期）

录了黔中地区先民们富足、安宁、祥和的生活。

罐、釜、鐎斗、三脚、壶、钵、碗、杯、碟、匙等生活用品，可反映墓主生前存放炊煮、食用食物等的过程和生活场景。漆盒则是收纳的盛器，铜镜是女性装扮的必需品，女性墓室频繁出现的铁剪反映了妇女的女红。钱币为市场交易的流通物。印章则体现了大松山居民相互之间的契约关系。出土的儒教、佛教、道教元素的器物，体现出黔中地区儒释道并重的宗教信仰。

而丰富的装饰品则体现出当时黔中地区妇女对美的追求。悬挂串珠的超长铜发钗，纹饰精美的包银木梳装饰的发髻，缀满漂亮珠饰的头巾，脖颈佩戴带铃的管状铜项饰及漂亮的玻璃珠和海贝，多达 40 多串的臂钏，纹饰精美的手镯，戴满十指的戒指，以及挂于胸侧及腰间的各种各样的挂饰等，均反映出大松山特别是坟坝顶墓地族群妇女的审美观。

我们对炊煮器内的残留物进行了分析检测，了解他们的食谱情况。以仅对 12 例个体的稳定同位素分析，显示食物主要为稻类植物，少量个体显示其食物同新兴农作物（C_4 类作物）有关，或为玉米等在贵州地区的传播提供了新的证据，亦揭示出坟坝顶墓地明代墓葬数量剧增的一方面原因。以对炊煮器陶釜及其残留物的初步实验数据分析，显示有明确的豆类、植物可食用根茎和疑似黍亚科农作物。

正是以上丰富的细节，再现了古代大松山居民的一个个生活场景，反映了该地区不同时期的生活、商贸、信仰、丧葬等面貌，时代差异和联系都很明确，生动描绘出黔中地区居民 1 400 余年的生活画卷。

2014 年在大松山征集到的玉镯（明）

大松山墓群有着 1 400 年文化的接续传承。虽然从隋唐时期开始出现土坑墓，但有从早到晚一脉相承的石室墓传统；有较为稳定的随葬品组合和埋葬方式，均以生活用品和装饰品为主，分别出土于墓室前后两端和女性墓主的上半身位置；有对珠、铜银装饰品等的持续崇尚和不变的审美情趣。这些均体现出独特、稳定的民族文化面貌和地域特征。

结合文化元素和古 DNA 检测，我们对坟坝顶墓地居民的族属进行了推测。坟坝顶墓地的石室墓显示出喜欢用珠子、铃，插戴铜长发钗和银梳背的头饰、管状铜项饰、纹饰精美的铜戒指、手镯等传统，釉陶罐常有牛角纹饰，均体现出浓郁的地域民族文化特征。结合文献和民族学材料分析，墓主有可能是苗族。这一推测也得到古 DNA 检测信息的支撑，通过对坟坝顶 M5、M40 两例明代个体古 DNA（核基因组）检测分析可知，他们的遗传信息与现代南方汉族人群（以贵州、重庆等地西南汉族为代表）、现代苗族等已基本一致。

三、反映了文化的交流交往交融

大松山墓群的文化面貌除 1 400 年的持续传承外，也有着时代上的差异性发展，体现了族群及文化的交流、交往、交融。

墓室砌筑规整程度逐渐降低，石材由小变大，墓室由长变短，墓顶由券顶变平顶；早期有倒葬现象，晚期几乎以顺葬为主；随葬器物的生活用品组合呈简化趋势，而装饰品却逐渐丰富；宋元明时期墓葬有典型的毁器葬俗。这些早晚的差异性，体现出在石材开采技术、丧葬习俗、族群文化等方面的细微变化，是该地文化在传承中的发展演变。石材大小的变化，反映了石材开采技术的进步；从早期墓葬顺葬、倒葬的并存到晚期墓葬埋葬方式的统一，以及晚期毁器葬俗的出现，或体现出其间族群的变化和地域文化的交流。

大松山墓群反映出与域外的直接或间接的贸易往来。珠饰检测结果显示，大松山墓群早期墓葬出土珠饰有域外因素。南朝墓出土玻璃珠，为具有西方玻璃制造传统的钠钙玻璃，是与南亚、东南亚等地区遗址发现的“太平洋珠”相同的“拉制”工艺。南朝墓出土琥珀小狮，源于欧洲或印度洋地区。明墓出土的早期海贝，来自热带海洋；晚期海贝，来自马尔代夫的可能性很大。这些，都是黔中地区地处南方丝绸之路东线关键节点的有效佐证。而稳定同位素分析显示出的少量个体的食物同新兴农作物（C_4类作物）有关，亦是玉米等食物自国外传入中国后在贵州地区传播的反映。

大松山墓群有着与国内其他地方紧密的关联。检测结果显示，晚期珠饰主要产于国内。晚期珠饰基本都使用国产的高钾高钙玻璃，颜色多固定在蓝、白、绿等较为单一的色系，采用的制作工艺也是中国传统的“缠丝法”。玻璃簧形管状饰和白色透明小圆珠，均来自山东淄博颜神镇的玻璃作坊。南朝时期与长江三峡地区紧密关联的铜鍪，隋唐时期来自广西梧州的青釉四系瓷罐，还有龙泉窑高足杯、景德镇民窑青花瓷，以及从器物表现出的儒释道并重的宗教信仰等，均体现了该地与国内其他地方、其他民族间的文化交流、交往和交融。

四、提供了中华文明多元一体格局的生动案例

云贵地区古代族群众多、文化因素复杂，大松山墓群出土文物的多样性即是这一特点的体现。大松山墓群出土器物表现出早段以汉文化为主、地域文化为辅，晚段以浓郁的地域民族文化为主、汉文化为辅的特征，充分表明汉文化元素一直贯穿大松山墓群发展始终。

大松山墓群上千年的既延续又变化的发展，特别是在宋代一改既往家族墓地特征开始出现公共墓地格局，直到明代，墓葬数量陡增，是我国西南地区已经发掘的一处罕见的大型历史时期公共墓地，对于西南地区社会发展和历史变迁的研究有着重要参考价值，与整个中国的社会变迁息息相关。如生活用品、装饰品两大种类随葬品分别由繁至简和由简至繁的变化，或体现出早期以汉文化为主、地方族群文化为辅和晚期地方族群文化为主、汉文化为辅的汉夷文化比例变化，客观反映了早期郡县制到晚期羁縻土司制度管理的不同特征。而晚期墓葬出土的儒教、佛教、道教元素器物，均充分证明中华文化因素的深根植入，但同时地域和民族文化元素也保持着各自的特色，是体现中华民族多元一体格局的生动案例。

五、见证了中华民族共同体意识的发展历程

黔中地区，地处贵州乃至中国西南腹地的交通枢纽位置。从汉代开始，就有汉文化分别经南夷道、赤水河、乌江三条通道南下在黔中地区汇集，再继续往南和西南方向延伸。后来，随着政治中心南移，从元代开始，东西向的湘滇黔古道开始形成，黔中地区的交通枢纽位置更加凸显，成为东西南北文化交汇之地，因此留下了丰富的历史文化遗存，这也是黔中地区成为贵州目前建立起自旧石器时代到明清时期考古学年代序列的唯一地区的必然历史背景。

贵安新区马场镇一带是贵州集中发现两晋南朝至隋唐时期遗存的唯一区域，这也有因可寻。云贵地区该时期考古遗存的一个特征，表现为两晋时期在云南有丰富的发现，而南朝时期的考古遗存却集中发现于贵州贵安新区马场镇，即大松

2022 年大松山现场发掘的青瓷执壶（宋）

山墓群一带。该区域发现的南朝时期墓葬，可以说是云贵高原南朝时期墓地规模最大、墓葬数量最多、出土器物最丰富、文化因素最复杂的发现，应该与该时期中央对云贵地区直接管理的“汉夷边界”东移有着密切关联，充分证明了该时期中央在云贵高原的管理中心东移到了大松山墓群一带。

这一东移的轨迹，同贵州地区汉晋南朝时期考古遗存东移的轨迹也是一致的。从汉代开始，黔中地区就是中央直接管理的一个重镇，安顺宁谷遗址和黔中地区广泛分布的汉墓即是有力证明。但在两晋南朝时期，该地区考古遗存的分布范围却大幅减小，主要集中于大松山墓群一带，这一逐渐缩小和东移的趋势，同汉至南朝时期中央对云贵地区管理的“汉夷边界”东移有着很高的一致性。

而大松山墓群宋元明时期凸显的地域族群文化特征，是该时期中央对于边疆民族地区推行松弛有度管理的羁縻土司制度促进了文化的多样性繁荣和发展的体现。大松山墓群持续 1 400 年，随葬品以生活用品和装饰品为主，未发现一件兵器。根据墓葬里出土的鸡蛋、剪刀和装饰品，以及同位素检测数据显示的稻作农业模式，似乎可以想象当时男耕女织、鸡犬之声相闻、如同世外桃源般的美好生活。而从大型公共墓地的格局，可见其间社会的稳定和有序发展。大松山墓群的各个墓室，墓葬规模相当，随葬品组合相似，由此可见此地居民身份和地位的平等，展现出一派均贫富、和谐共生共荣的祥和景象；印章则是这里和谐契约精神的体现。正是因为有这样的社会环境，才使得大松山居民持续繁衍，才有着大松山墓群 1 400 年的延绵不绝。

大松山墓群，跨越了我国两晋南朝至宋元明时期中央对边疆民族地区推行的两种不同的管理制度。在这样不断的汉夷交融过程中，中央对边疆民族地区的管理逐渐得到加强，国家逐渐达到统一，而中华民族共同体意识亦逐渐形成并不断发展、巩固。大松山墓群，即生动见证了这一动态过程。

目 录

叁 对话古今 117

山野寻迹

西南地区由于在中国境内地形最为复杂、现今族群仍然最为众多，因此“这一带也就是古文化的数量最多，相互之间的文化关系最为复杂的”。

大哉，大松山

郑君雷 中山大学社会学与人类学学院

贵州省文物考古研究所的同志约我写篇大松山考古文章，就先从感受说起。作为亲历者，我对大松山考古最突出的感受是“节奏快、效率高、成果大”，这首先要归功于大松山考古的大格局。贵州考古所引进“强援”，在短短的大半年时间完成发掘面积13 500平方米，清理墓葬2 192座，出土各类文物4 000余件(套)，按照约定时限高质量地为贵州医科大学新校区移交了建设用地。大松山考古的组织是大手笔，实施是大会战，发掘是大场面，入选全国十大考古新发现是最完美的大结局。大松山考古“大开大合”、气势恢宏，大哉，大松山！

感谢贵州方面的邀请，中山大学能够有此机会参与贵州考古的重大发掘项目。中山大学先前在贵州开展的田野考古工作不多，当接到贵州所的邀请时我虽然略有犹豫，但还是第一时间应承下来，这不仅是希望感受贵州考古的魅力，还在于中山大学有着西南研究的悠久传统。中山大学是中国最早开展西南少数民族社会文化研究的学术机构之一，在西南民族研究领域形成了深厚积累和传统。中山大学民族学科的创始人杨成志先生最早提出了“西南民族”的概念，1932年又成立“国立中山大学西南研究会”，开创了中国民族学、人类学的“西南学派”[①]。参加贵州考古的重大发掘项目，是对中山大学西南研究传统的继承光大。事实上，大松山墓群的石室墓结构，插戴铜长发钗、喜爱管状铜项饰、使用银梳背等葬俗和

① 参见刘志扬：《本土、区域与中国民族学人类学学科体系构建》，广西民族大学学报（哲学社会科学版）2019年第2期。

部分发掘人员合影

釉陶罐上的牛角纹饰等浓郁的地域民族文化特征，以及明代人骨个体的古 DNA 检测分析，表明这处墓群可能与苗族先民有关，这当然是民族考古学研究的绝好材料，契合中山大学考古学科的研究价值取向。

大松山考古的组织是大手笔。大松山考古是配合贵州医科大学新校区一期建设工程开展田野发掘项目，工程建设时间紧，考古发掘任务重，贵州所突破瓶颈，创新性地组织了包括北京大学考古文博学院、四川大学考古文博学院、中山大学社会学与人类学学院参加的“发掘联合体”，并且在田野工作中探索出一条优先保证急建区域、考古发掘和施工建设平行开展的交叉作业方式，实现了社会效益和文化效益的双丰收。大松山考古组织严密、协调有序、进展顺利，无愧为大手笔。

大松山考古的实施是大会战。大松山考古项目的实施不仅在于联合体 4 家单位参加的田野发掘，还在于发掘、整理、研究和保护利用齐头并进，贵州所与 10 余家教学科研单位合作开展文物检测和保护、体质人类学、古 DNA、地质学、历史学、民族学、工艺美术等多学科综合研究；并且在项目实施中聘请专业机构全流程考古监理，加之高规格的基建考古评审和大规模的专家验收，不啻于一次“集团作战”。

大松山考古发掘是大场面。来自全国各地的高校师生、业务人员和技术工人汇聚大松山，在“贵州考古”“北京大学”“四川大学”“中山大学”的飘扬队旗下，在施工运输车辆的轰鸣声中，数百名民工夏顶酷暑、冬耐寒霜，埋头苦干；山包、坡地、路边、水畔，处处是考古队员忙碌的身影，发掘、测绘、摄影、记录，时时显示田野考古工作的精细谨严。大松山航拍图上密集的墓葬震撼眼帘，发掘区域之广阔、发掘场景之宏大、发掘墓葬之众多，绝对是“大场面”。

入选 2022 年度全国十大考古新发现是大松山考古最完美的“大结局”。大松山是贵州乃至西南地区发掘规模最大、延续时间最长的一处墓地，大松山考古收获巨大，建立起黔中地区两晋至明代墓葬的发展序列，大松山墓群反映了当地居民的生产生活状况和经济文化面貌，见证了黔中地区社会文化中心逐渐向贵阳方向转移的历史过程及明代贵州建省前后社会经济的剧烈变化，显现了中央政权在边疆地区采取郡县制、行省制和羁縻土司制度的有效管理。大松山考古成功入选全国十大考古新发现，是对贵州考古工作的肯定，是对参与大松山考古的全体工作人员的肯定，足资纪念，堪称圆满。

在大松山考古工作中，中山大学考古队负责张家坟、堆草坡、老瓦坡、水井湾和坟坝顶东北部发掘区域，承担发掘面积 7 000 平方米，发掘墓葬 275 座，出土各类文物 640 余件（套），顺利完成了贵州考古所和发掘联合体分配的任务。六盘水师范学院的张勇教授毕业于中山大学，是我的博士生，性格沉稳踏实，我把他从贵州所考古队“撬”过来担任队长；湖北技工董少清师傅指导过中山大学很多同学的田野考古实习，经验丰富，我请他担任中大考古队的“工头”；业务骨干包括中山大学历史系的博士后张潇，社会学与人类学学院考古学专业的博士研究生陈亮吉、孙寅淞，考古学专业的硕士研究生赵衍钧、文物与博物馆专业的硕士研究生薛雯雯，中南民族大学文物与博物馆专业的硕士研究生白扬，以及来自内蒙古、湖北的多名技工师傅，称得上是精兵强将。翻看着电脑中的工作照片，翻阅着手机里的微信记录，大松山考古的场景再次浮现——

记得刚入场时贵州考古所同行的热情接待，开工前斩杀大公鸡的“作法”仪式，最初几天找不到墓葬又担心漏掉墓葬的焦虑，会议上与基建方、施工方各执一词的磨合，对施工道上擦身而过的载重汽车掉落石块的担心，尤其记得总是在催促声中最后一个交盖章材料的歉疚；记得时任贵州省文物考古研究所所长的周必素女士指挥若定而又雷厉风行，川大白彬老师准备投标文件的无私付出，北大韦正老师察看地理环境的兴致勃勃，方笑天老师指导发掘的温文尔雅；记得田野上的挥汗如雨，封控在旅馆中的寂寞无奈，还有大松山的蓝天白云、小吃街上的美味火锅，垂涎已久却怎么也嚼不动的“干锅马肉”；忘不了张勇黝黑的面孔、臂膊，老董匆忙的脚步、焦急的电话，贵州所李奎穿着厚厚的衣服千里迢迢来广州取文件……当然还有入选全国十大考古新发现的喜悦。

坦率地讲，大松山墓群虽然规模大、延续时间长，出土文物数量多、类型齐全、材质丰富，而且不乏文物精品，但基本是小型墓葬，并没有通常所说的“大发现”，能够入选全国十大考古新发现是从量变到质变的蜕变升华。大松山考古的意义、价值体现在哪里？当把一个个墓区的材料汇集在一起分析，把一期期墓葬串联起来考察，把一幅幅图片拼接起来审视，历史长河、西南山地、浓郁特色的立体景象便已然呈现——“罕见的历史时期大型公共墓地、贵州地区两晋至明代墓葬的年代标尺、西南边疆古代民族的历史画卷、中华民族多元一体格局的生动案例”，看到这些概括大松山考古意义和墓群价值的字句，感觉冲击十大考古新发现有戏！

周必素所长发来文物报社“2022 年度全国十大考古新发现终评会”的通知后，我原本打算去现场助威，却有事情不能分身，只能观看直播并在微信群中关注。在 2023 年 3 月 27 日的微信群中，虽然有“感觉都好强啊”的忐忑，更多的是“大松山墓群还是很有特色的”的从容，在“自信、从容点”“讲好自己”的鼓励中“周所华丽登场”。贵州考古研究所对此次汇报做了充足准备，白彬老师称赞“PPT 做得很精美，很震撼，很有冲击力”。周所长将大松山考古的“项目概况”“工作理念与方法”“重要发现”“初步认识”“价值意义”和“保护利用”浓缩在 15 分钟的汇报中，沉稳平实而不失激情地向专家评委娓娓道来，打动了评委，征服了观看直播的网友。3 月 28 日，大松山墓群入选“全国十大考古新发现”的好消息一经公布，一切的辛苦都化为喜悦和自豪。

当然喜悦，值得自豪！大松山考古有着中山大学的贡献，这是中山大学第一次与全国十大考古新发现结缘。3 月 31 日，中大人文社科公众号发布“我校参与发掘的贵州贵安新区大松山墓群入选 2022 年度全国十大考古新发现”的消息，兹移录全文留下纪念：

2023 年 3 月 28 日，2022 年度全国十大考古新发现揭晓，由贵州省文物考古研究所申报，我校参与发掘的贵州贵安新区大松山墓群入选。

2022 年 7 月至 12 月，由贵州省文物考古研究所向国家文物局提出发掘项目申请，联合北京大学、四川大学、中山大学共同开展了贵州省贵安新区大松山墓群的考古发掘工作，获得重要收获。

据悉，该墓群是贵州现已发掘规模最大、延续时间最长的一处罕见的历史时期大型公共墓地，共发现两晋至宋明时期墓葬 2 192 座，出土各类文物 4 000 余件（套）。该墓群的发掘首次建立起贵州地区两晋至明代墓葬的发展序列，为贵州历史时期考古学研究树立了年代标尺，描绘了西南边疆古代少数民族的历史画卷。该墓群既体现出地域文化传统的长久延续，同时兼有来自中原地区、长江中下游地区、四川盆地、两广地区及域外的文化因素，成为各地区、各民族在交

大松山考古场景

往、交流、交融过程中构建中华文明多元一体格局的生动案例。

据社会学与人类学学院副院长郑君雷教授介绍，中山大学考古队本次承担了张家坟、堆草坡、老瓦坡、水井湾和坟坝顶东北部等5处墓地的发掘，工作认真负责，高质量地完成了发掘任务，获得了相关方面的好评。我校参与发掘的大松山墓群入选2022年度全国考古十大新发现，充分显示了中山大学考古学科的雄厚实力，也是中山大学考古学科建设成效的体现。

在全国十大考古新发现的终评会上，刘庆柱先生指出大松山发掘项目实证了从两晋南朝至元明时代，尤其是明代贵州地区与内地的文化共性，是展示中华民族凝聚力的重要考古发现，其意义非同一般；霍巍先生指出大松山墓群揭示了两晋南北朝到隋唐宋元明时期多民族和谐相处的历史场景，是西南地区各民族相互交往、交流、交融的重要见证。随着整理工作的初步开展，大松山考古的意义更加显现，刘庆柱、霍巍先生的点评启发我们还可以从中华文明的突出特性角度阐释大松山墓群的学术价值和社会意义。

大松山墓群自两晋延续至宋元明时期，从小聚集家族墓地到公共大墓地的演进脉络清晰，是黔中地区“不断裂”的古代文化连续发展进程的见证，成为中华文明突出连续性的黔中个案；大量文物尤其是金挂饰、银梳背、贴金铜盘、锡鱼、项饰等精美工艺品，在手工业生产方面彰显了中华文明突出的创新性；出土器物在保持地域文化传统的基础上兼有中原、长江中下游、岭南、四川等地区的文化因素，汉文化元素始终贯穿大松山墓群的各发展阶段，体现了中华文明突出的统一性；出土器物显示出儒、释、道并重的宗教信仰，而其中钠钙玻璃、珠饰、琥珀小狮、海贝等域外贸易产品，更是中华文明包容性的体现；在如此大量的墓葬中未见任何一件兵器，折射出稳定和谐的社会环境和族群关系，显示了中华民族突出的和平性。

“从宏观的研究说来，中华民族所在的地域至少可以大体分成北部草原地区，东北角的高山森林区，西南角的青藏高原，藏彝走廊，然后云贵高原，南岭走廊，沿海地区和中原地区。这是全国这个棋盘的格局。”[①] 黔中地区有着

① 费孝通：《民族社会学调查的尝试》，《中央民族学院学报》1982年第2期，第7页。

贵州高原交通枢纽的区位优势，遗存丰富，贵安牛坡洞遗址（旧石器时代至春秋战国时期）、招果洞遗址（距今 4 万年至新石器时代）曾入选全国考古十大新发现；汉代中原文化经赤水河、乌江等线路南下，早年发掘过清镇、平坝汉墓群及安顺宁谷遗址和汉墓群；元代以来湘黔滇交通古道东西横越，更成为四方文化辐辏之地。生活在不同环境空间的各民族形成了多种经济文化类型，在交往、交流、交融中共同塑造了中华古代文明，地处黔中的大松山古代居民也贡献了在山地耕作、牧猎等活动中凝聚的文明智慧，这是大松山考古学术价值和社会意义的又一个呈现。

俞伟超先生曾经讲过，西南地区由于在中国境内地形最为复杂、现今族群仍然最为众多，因此“这一带也就是古文化的数量最多，相互之间的文化关系最为复杂的”[①]。以大松山考古建立起来的黔中地区的年代序列和学术认识，为云贵高原考古建立了一个重要支点，对于西南考古研究、中国边疆考古而言意义重大。我不想把这篇手记写成感谢的流水账，但是要感谢的确实太多，中山大学能够参与其中，要感谢贵州考古所的邀请，感谢张兴龙、胡昌国、彭万、陈卿、李奎等同志的帮助，感谢“贵州考古项目投标咨询群”里中山大学科研院等单位黄珍、姜帆、“本甜豆”、靳静山等老师的支持。2022 年不寻常，更何况有大松山的记忆。

我参加过几次“考古会战”，印象最深刻的当然是三峡考古，然后有“南水北调”中线工程，后来是上海广富林遗址发掘，那些工作都是持续多年，大松山考古的田野工作只是大半年，但我从中学到了很多。贵州是考古“福地”，仅 2000 年以来即有赫章可乐遗址、威宁中水遗址、遵义海龙屯遗址、遵义杨氏土司墓地、贵阳贵安牛坡洞遗址、贵阳贵安招果洞遗址入选全国十大考古新发现。大松山是一个好听的名字，大松山是一处吉祥的地方，大松山考古是一段不忘的记忆，憧憬能够以大松山考古为契机，继续与贵州所合作，赓续中山大学的西南研究传统。

① 俞伟超：《序言》，《成都考古发现（1999）》，科学出版社，2001 年，第 i 页。

寻找古城

胡昌国 贵州省文物考古研究所

贵安新区马场镇的大松山墓群已经发掘一段时间了，出土了近千座墓葬。再联系 1965 年至 1966 年在马场镇发掘的万人坟墓群、熊家坡墓群、大松山墓群、坟坝脚墓群及 2014 年发掘和钻探的杨家桥墓群的情况来看，在马场镇存在一个两晋至明清的大型人类聚居点应该是无疑的，如果能够找到它，不仅能够解决马场周边墓葬的来源问题，也可能对我们去证实两晋南朝时期云贵地区治理中心从云南移动到贵州境内和南朝汉夷边界东移问题，以及寻找汉晋时期的牂牁郡郡治，都有着很大的帮助。

考古钻探的手段主要是依靠洛阳铲在地下带出土样后，根据土样中的包含物断定其时代或遗迹信息，确定之后才能够明确这片区域到底属于遗址、墓葬还是

野外钻探

灰坑、城址，因为目的是寻找可能存在的汉晋时期的牂牁郡。其实，只要有残存的建筑材料或者夯土城墙，确定城址的位置还是比较简单的，而且最近这二三十年，贵州考古所还是找到了一些不同时代的古城：1990 年，考古所在赫章可乐粮管所遗址进行了一次考古发掘，出土了大量的筒瓦、瓦当和铜蒺藜，确认其为汉代一处城址；2004 年，考古所在进行赫章可乐考古遗址公园初步设计时对其进行钻探，但未能发现城墙。1994 年，考古所在安顺市宁谷镇发掘了龙泉寺遗址，该遗址的地下水水位很高，使得大量有机质文物因为水的保护保存了下来，出土了一些木质建筑构件、木牍、绳纹筒瓦、板瓦及车轮纹瓦当、云纹瓦当、长乐未央瓦当；2016 年，考古所在宁谷龙泉寺遗址附近的一处小山顶部发掘，发现废弃于蜀汉后期的一处有夯土城墙的城址，出土绳纹瓦片、高迁瓦当、长乐瓦当、蜀汉太平百钱等。2010 年，考古所在辞兵洲石器时代遗址进行发掘，发现租住房屋的房东家北侧巷道所用墙体就是明代的江东巡检司城的南城墙，该城还保留了北城墙及南城墙部分夯土墙体和四面壕沟。2015 年，考古所对贞丰县者相镇的一处城址进行调查和发掘，出土绳纹瓦片、瓦当等文物，确定其为一处汉晋时期的古城，尚残存两处近 200 米长的夯土城墙。

断坎上可见的石室墓

寻找古城其实还有一个办法，就是通过早年的高清卫星地图进行高空遥感考古。2022 年考古所委托洛阳鼎原公司进行的赫章可乐钻探就在 20 世纪 60 年代拍摄的高清卫星地图上看到粮管所遗址的城墙，也看到江东巡检司城的壕沟和城墙形状。2014 年我在扬州参加领队班培训的时候，中国社科院刘建国老师给我们讲了一节遥感考古的课，课后我曾请教过刘老师是否有贵州 20 世纪五六十年

大松山墓群考古调查

代平坝区域的卫星照片，希望通过它可以看看当时还存在的部分墓葬的封土。可惜刘老师告诉我，因为天空上云层密集的原因，他手头上也没有贵州平坝地区早年的卫星地图，这条道路也暂时行不通了。

既然只能使用钻探的手段来获得一手资料，我们也只能委托专业的钻探公司来完成马场镇周边大范围内的钻探工作。洛阳鼎原公司中标后，组织了四十余人来完成这次的钻探任务，可能因为人员规模太大的原因，村民不是很理解这次的钻探工作，镇政府李鹏程镇长、张达智主任和花溪区文体广电旅游局文管所罗克所长和陈亮多次做工作，都没有达到理想的效果。最后，钻探的地点由万人坟、熊家坡几处文保单位范围内开始，并组织较小规模的钻探队伍对其余地方进行钻探。

2023 年 2 月至 4 月，钻探工作进行得不理想，没有发现遗址或者城址，只在钻探范围内发现不同时期大量墓葬。周必素所长召集我们和钻探队伍负责人买岩龙等人，在大松山临时库房讨论马场钻探的问题和应对措施。通过马场范围的高清卫星地图（近年拍摄的）可以看出，马场周边墓群环绕现镇政府驻地。于是我们认为钻探的核心还是在条件最好的政府所在地附近寻找，看看是否可能存在一些早期遗存线索，并且按照人类生活习惯，在马场河周边台地区域寻找早期遗存。5 月至 6 月，钻探队伍按照制订的计划对相应区域进行钻探，并按照考古所同事韩前进提供的线索在关口等地进行钻探和调查，但始终都没有获得期待的结果，仅仅增加了对一些墓葬和一个清代古寨的发现。其间我两次去钻探队伍驻地看他们调查采集的文物标本，可惜绝大多数都是明清时期的遗物。

夏秋之际草木繁盛，并不适宜调查和钻探。2023 年 6 月底，在考古所就马场钻探再次召开讨论会，对前期发现进行分析后，考虑到当时钻探和调查工作的难度，张合荣副所长建议在十月秋收之后再继续进行考古调查和钻探。至此，马场钻探工作暂停。

寻找大松山墓群

韩　东　　贵州省文物考古研究所

2022 年 1 月 5 日，在农历新的一年即将到来之际，我们冒着冷雨寒风来到工地现场，看到工地现场全是茶林、果树林和耕地。当地政府组织土地征收人员正在忙于土地征收，因为征收问题，其实能勘探的地块不多，我们初始的工作只能在少量完成征收工作的区域进行，其他的地块只能在之后再展开大面积调查勘探。从当地村民处得知，贵州医科大学的土地未征收之前原来是马场村、刘家村、栗木村及羊艾农场的，在平时种地和修建房屋时，从地中挖出瓷罐、砂锅片、铜条、铁块之类物品，在一些土坎上还能看到石头垒砌的痕迹。可见当时这个区域的文物埋藏情况还是很好的，使得我们对下一步具体的调查勘探工作鼓足了干劲。

考古调查勘探工作多采取“拉网式”调查法，对地块范围采用地表徒步踏查、断面观察、普通勘探及重点钻探相结合的方式进行。先踏查及铲剖面，发现可疑的地点先做好标记，为勘探提供信息铺垫。钻探方法上，低洼地带台地采取普通钻探；在遇到踏查和断面观察发现有墓葬的地方进行重点勘探，以进一步了解墓葬的分布状况，为下一步的考古发掘做好铺垫。由于土地问题和春节的到来，第一次为期 10 天的调查勘探仅仅初步了解了部分区域的地层堆积情况，由于勘探范围的地形较低洼，没有遗迹发现。

由于时间紧、任务重，春节之后的 2 月 12 日我们便再次前往工地，而到达工地当天下午是鹅毛般的大雪，顿时地面白茫茫的一片，分外耀眼——真是一个“瑞雪兆丰年”的好兆头啊！随着茶树和果树披上银装素裹，我们马不停蹄地开始了全新的调查勘探工作。在调查勘探的时间里，我们经历了从凛冽寒风、鹅毛大雪直到春暖花开，看到了茶树和果树发芽、开花、结果，金灿灿的油菜花开，

大松山墓群钻探区域卫星图

看到了大量游客到水库边上游玩、烧烤和垂钓，看到了孩子们形形色色的风筝在高空中迎风飘荡，还看到了村民在茶林中不断穿梭着采摘春茶。而我们，则只能冒着寒风、雨雪、烈日，日复一日地扛着探铲钻茶树林、踏果树林、砍荆棘、割杂草，开展调查勘探工作。

我在贵安新区马场镇周边做的调查、勘探、发掘项目较少，只有在 2009 年参与过贵安新区的拉网式洞穴调查，还有就是几个变电站、污水处理厂的小项目，对这一带两晋至明代的墓葬遗存了解较少。在这次医科大调查勘探项目开始时，也比较迷茫。调查开始后，于 2022 年 3 月 5 日在大松山土包的南北两侧的土坎上发现有用薄石板砌的两道石墙，宽度在 90 厘米左右，看起来像石室墓葬。我赶快拍照片发给以往在这一带发掘过的老师和同事确定墓葬时期，他们回复说这墓葬就是南北朝至明朝期间的，具体年代要等发掘才能确定。这让我们对石室墓葬有了初步的认识。随着调查的深入，我们在大松山水库四周的土包上均有墓葬及红烧土的堆积发现，这给我们调查勘探带来了巨大的信心。

在单位领导和同事的指导和支持下，在贵安建投和当地镇政府、村委会的帮助、协作下，考古所组织的考古勘探队伍和九龙勘探公司鼓足干劲，在为期 3 个多月的时间里结束了贵州医科大学新校区的勘探工作。于 2022 年 4 月 20 日初步完成对医科大普通钻探面积 500 亩左右，重点钻探面积 2 200 亩左右。通过普通钻探与重点钻探相结合的方法发现墓区 85 个，墓葬从开始调查发现的 1 座，到 10 座，再到 100 座，200 座……直到最后，医科大范围的墓葬共计 620 余座。

此次调查勘探发现，医科大的墓葬分布主要是在土丘的半坡及坡脚，坡顶较少。墓葬类型有石室墓葬和土坑墓葬两种。其中，石室墓葬有用天然泥质灰岩石板竖砌的墓葬，用天然的泥质灰岩石块交错叠压平铺砌成的墓葬，以及用人为加工的方正石块砌成的墓葬三种。用天然的泥质灰岩石块交错叠压平铺砌成的墓葬，有薄石板的，有用相对较厚的石块的。用薄石板的墓葬，主要分布于水库周边一带的小土包，相对较早；用较厚石块的墓葬则主要分布在大松山

考古勘探

钻探中采集的青花瓷片

001县道两侧，校区中亦有分布，朝代相对较晚；而薄石板竖砌的墓葬和人为加工石块砌成的墓葬可能还要晚一些。在紧张的调查勘探结束之后，对前期勘探有怀疑之处再次进行加密勘探。如此一来，了解了墓葬分布情况，为下一步发掘做好了铺垫工作。

经过这次调查勘探工作，我们了解了医科大周边的墓葬及红烧土堆积的分布情况，发现了石室墓葬的修筑石料及结构，给今后我们对贵安新区马场片区的调查勘探提供了一些有用信息和方法。

缘在大松山

胡昌国

贵州省文物考古研究所

2003 年 7 月，大学毕业后，我就来到贵州省文物考古研究所参加工作，当时由刘恩元老师带着开始考古调查。记得刘老师说过，贵州没有发现新石器、商周时期的遗址，而南朝和唐代的墓葬也只有在平坝县的马场镇才有发现。于是对那个地方有了第一次印象，朦胧地想着也许能在那里发现什么。记得有一次调查路过马场镇，我曾频频向车外张望，找寻那可能存在的大封土堆。可惜，因为晚期人类生产生活对早期文化形成的破坏，我什么也没有看到。

2013 年，为配合贵安新区及磊庄至马场公路（简称“磊马路”）建设，我和杨磊、贺军虎三人对磊马路施工范围及周边地区进行了比较细致的调查勘探工作。在建设范围内发现了沙坡遗址，可惜的是该遗址的地层堆积不到 1 米，也没有发现早到南朝时期的遗物。同年，应贵州省文化厅、文物局的安排，贵州省文物考古研究所启动了对贵安新区境内地下文物资源的普查工作，在既往工作的基础上，再一次进行更详尽、深入、全面的调查。仅在直管区的马场、高峰、湖潮、党武四个乡镇就发现史前至商周时期的洞穴遗址 38 处，两汉至明清时期的墓葬数百座，进一步摸清了贵安新区地下文物资源的蕴藏情况。考古所拟据此出版一本《黔中遗珍》，收集

六朝阴刻莲瓣纹青瓷罐（贵州省博物馆藏）

六朝玛瑙、琥珀、料串珠（贵州省博物馆藏）

资料的时候，才领略到马场镇出土文物的精美。

2014 年，为配合贵安新区安康大道的建设工作，所里安排改课、小熊、前进对沙坡遗址及相邻区域进行钻探，发现了一些不同时期的古墓葬，同时，也新发现了杨家桥魏晋墓地。同年的 2 月至 5 月，张改课领队对沙坡遗址进行了系统发掘，并在杨家桥遗址进行了大规模的系统钻探工作，新发现魏晋南朝至宋明时期古墓葬 70 余座，并对其中的 3 座墓葬进行了清理，出土了陶瓷器、玛瑙珠、漆盘等文物。当时，正值我负责所里的第一次可移动文物普查的文物整理和登录工作，对于这批出土文物，总觉得赶不上 20 世纪六七十年代出土的那批文物精彩，殊为可惜。

自 2013 年之后，所里工作的重点放在了黔西北的夹岩水库、黔东南的清水江和铜仁的锦江一带，陆续发掘了六冲河的马场和塘边遗址，清水江的石家寨、里皋、镰刀湾遗址，锦江流域的磨刀湾、方田坝等一系列遗址，初步厘清了上述地区的新石器至商周文化序列，对贵州西北和东南该时期的文化研究具有重要的意义。而 2020 年杨磊在锦屏亮江流域和 2021 年陈卿、前进在㵲阳河流域一系列新石器至商周遗址的发现，让所里的目光和关注更多地投向了那一侧。

2021 年底和 2022 年初，中共贵州省委、省政府决定在贵安新区马场镇及花溪启动四所大学的新校区建设。其中贵州医科大学新校区面积最大，有 3 200 多亩，所领导安排我负责该工程的钻探工作。从 2022 年 1 月到 2022 年 4 月 20 日，在考古所和洛阳九龙公司联合钻探队近百名探工和技术人员的努力下，完成了大松山墓群的钻探工作，发现两晋至明清墓葬六百余座。

2022 年 7 月至 2023 年 1 月，贵州省文物考古研究所联合北京大学考古文博学院、四川大学考古文博学院、中山大学社会学与人类学学院对贵州医科大学新校区一期建设用地进行考古发掘，历时 190 天，参加发掘人员 400 余人，共清理发掘魏晋、唐宋、元明清墓葬 2192 座，出土各类随葬器物 4 000 余件（套）。2023 年 3 月 28 日，该项目被评为“2022 年全国十大考古新发现”。

大松山的考古发掘工作，创造了许多的贵州考古第一：它是贵州考古史上考古发掘规模最大的，也是考古发掘面积最大的，也是贵州参与人数最多的考古发掘，也是贵州考古一次性发掘墓葬数量最多的，也是贵州考古发掘一次性出土文物最多的，也是贵州考古发掘目前发现漆器最多的，也是贵州考古发掘年代跨度最大的……这些数据，或许在贵州很多年都无法超越。

杨家桥 M1

杨家桥 M1 出土漆器

六朝金花发簪和六朝金花片（贵州省博物馆藏）

大松山墓群首次建立起黔中地区两晋至明代墓葬发展序列，为贵州历史时期考古学研究树立了年代标尺。它见证了汉晋至明代黔中地区社会文化中心逐渐转移至贵阳周边的进程，以及明代贵州建省前后社会经济的剧烈变化。作为一处全国罕见的大型地方民族公共墓地，它反映了当时的生活、商贸、信仰、丧葬等情况，展现了西南边疆古代少数民族的历史画卷，是西南地区两晋至明清时期社会生活的最真实体现。

最为重要的是，该墓群是历史上多民族的中华民族文化认同，展示中华民族凝聚力的一次重要考古发现。其文化上既体现出地域文化传统的长久延续，兼有中原地区、长江中下游地区、四川盆地、域外等文化因素，是中央政府在贵州实行“土流并治”的成功范例，也是多个民族在漫长的历史发展中，交往、交流、交融构建中华民族多元一体格局的体现。

曾周考古记

杨凤武

四川大学考古文博学院

2022年7月15日早晨，我跟随导师白彬先生从成都出发，前往贵州，此行的目的是作为发掘联合体单位之一，参与贵州马场[①]大松山墓群的发掘。到达贵阳后，周所长接上我们便立即奔赴马场。先是沿着风景优美的湖岸观察地形地貌，讨论墓葬可能的分布点及其他情形。傍晚时分，中山大学的现场负责人张勇老师、北京大学的现场负责人方笑天老师陆续到来。贵州所的老师们邀请大家在马场平寨一农家乐品尝当地的野山菌。饭后，大家在院中乘凉交谈，周所请韩东老师拿出事先准备好的工地总图，所有人都凑拢过来。张合荣老师为大家讲述工地及其周边历年的考古情况及他对这个区域历史文化的认识，核心是他认为据已有考古材料，这一区域极有可能是汉晋时期牂牁郡的郡治或其下辖的一个较为重要的行政中心。听到此处，大家无不提起了浓厚的兴趣，同时对即将开展的发掘怀有无限的期待。周所和白老师将大家的关注点拉到了图纸上，众人指着图纸分析地形

① 马场，古称曾竹、曾周、珍珠，文献多见曾周或曾周马场合称。《元史·地理志》载，顺元安抚司有曾竹。道光《贵阳府志》卷三十八《古城地图记》载："贵筑西北八十里与镇宁华离隔界，有曾周马场，亦书作曾州，即曾竹也。今称珍珠马场。"光绪《镇宁州志》卷二《地舆·市场》载："曾周马场，治东一百九十里，子午日集。"镇宁州地处安顺府之西，与曾周隔越安顺府安平县，由此可见，曾周在清代属于安顺府镇宁州的插花地。曾周之得名，由上述文献可知，或是曾竹之音转。民国《平坝县志》跋载："曾周马场，系曾周刘谢四姓创，或言曾周得名于市场的创建者。"此说现流传于马场，然不可考。

曾周地邻原贵筑县，地理位置十分优越。道光《贵阳府志》卷二十六《疆域图记》载：贵筑之团寨、梅花寨、新寨、青苗五寨、安阡寨、汤家寨、吴家庄、白家庄、家和寨、克酬寨、破塘寨、平寨均以曾周马场为贸易场地。

发掘场景掠影

地貌，韩东老师同时为所有人介绍前期考古勘探的情况。经过一番分析和讨论，周所根据自然分界，将区域大致分为四块，贵州所负责西南区域，四川大学负责西北区域，中山大学负责东南区域，北京大学负责东北区域。地块分配完毕后，四个单位统一了发掘过程中的各项事宜。晚上，三个大学的考古队员都入住泰豪E时代创客酒店。

次日，我便和张勇、方笑天老师开始筹备发掘前的物资并安排吃住行各项事宜。我虽然是平坝人，但从来没有来过马场，只常听说有个地方叫“珍珠马场”，这是第一次涉足此地，一切都不熟悉，筹措起来十分困难，尤其是出行用车的问题最难解决。经过几天的奔波，终于确定在21日早晨开工。按照当地习俗，在土地上动工前需要举行仪式，不然民工很忌讳，不敢动工。这天早上，我们分头行动，师姐张媛媛到马场镇购买仪式所需物品，我和张勇老师到附近的黄土坡请

提取器物

到阴阳师宋先生。我们选择地块中心的一片樱花林举行斩草仪式，与山家盟契。仪毕，民工立即动工，川大的发掘也正式启动。时光匆匆，至今已是六个月了。

川大负责的西北片区，是整个地块内地形最复杂、高低落差最大的区域。域内山头林立，沟壑纵横，道路曲折。由于土地已被征收多时，农户早已不来耕种，满地杂草丛生，荆棘遍布，前行都很困难，更不要说在里面寻找遗迹并发掘了。我们都不是古人，不知道他们喜欢选择什么样的环境作为藏身之处；况且这片区域有 800 亩之多，岂是一两个人所能为！于是白老师向他的学生发出了邀请，希望有更多的人参与进来。消息一出，众同门云起响应，从 7 月 18 日开始，同门葛林杰、张媛媛、郭振新、易萍、林昕、苍润和本科生白瀚文、成都考古研究院的王凯陆续入黔。项目进行初期，我们背着各种考古器具，随白老师踏着荆棘穿过丛林，越过沟壑，孜孜不倦地在旷野山岗上寻找古人的踪迹，对每一个细微的现象都不放过，聚拢在一起分析。我们的足迹，东抵果园，南临水库，西接坝坎，北达团坡。随着朝阳升起进入山里，又伴着落日的余晖走出山间。探寻的过程中，虫蛇乍现，蚊蚁成军；七、八月的贵州，太阳异常毒辣，我们每天不仅要顶着烈日前行，还要忍受棘刺的拉扯，汗水流进伤口那种疼痛至今难忘。过程虽然艰辛，但是收获总是美好的。至 8 月 22 日，我们发现了墓地十处，墓葬多寡各不相同，或一座，或六七座，均分布在山体向平地过渡的缓坡地带，墓室均为券顶石室墓，或狭长，或宽深，出土了铜釜、陶罐、铜钗、剪刀、珠饰等物。值得一提的是洋沟土 M3，这座完整的券顶石室墓是整个工地发现的为数不多的完整墓葬之一，十分具有代表性。白老师和郭振新师弟负责清理，贵州省电视台的常艳团队跟随拍摄发掘过程。出土的一件六系青瓷罐，是判断这类型墓葬的典型器物。

山里的墓葬虽然年代早，但在 20 世纪 60 年代坡改梯的过程中大部分已破坏无存，唯独西南一角地势稍缓，当地人称为“坟坝顶”，墓葬虽遭不同程度的破坏，但整体保存情况较好，数量巨大。发掘快结束之时，贵州省考古所邀请我们

室内核对出土器物信息

三个单位齐聚西南区域，共同发掘。8 月 20 日开始，我将民工一分为二，一部分到大松山，一部分留在原区域做收尾工作。大松山墓葬分布密集，我们去之前，以中部的公路为界，史忞老师负责路北区域，胡昌国老师负责路南区域，李奎等老师则负责其他零散点位。我们过去时，胡老师将路北一分为二，中山大学负责其西侧，贵州省考古所史忞老师负责东侧；将路南一分为三，考古所居中，四川大学负责其西侧，北京大学负责其南侧。开始几天我还没过来，便请民工胡永华代为管理。

8 月 23 日，川大全部成员到大松山与考古所会合。此时，白老师因故返蓉，其他各位成员也有事离开工地，只剩下我和郭振新、王凯两位。面对发掘面积如此巨大、墓葬如此众多的情况，实是无能为力。同门刘一粟、赖敏听说这个情况后，毅然放弃自己安逸的假期，奔赴工地。我们分到的这个区域，墓葬也十分密集，到 8 月底就发现了近百座墓葬。我本以为安排非常得当，不久就能有很好的收获，

移交出土器物

但万万没想到，9月2日疫情来袭，被困在酒店无法出去。开始还以为只是暂时的，也有通知说三五天就能正常活动；可越到后面情况越糟，外面餐饮店全部关闭，行人禁止出行，只能待在家里，吃喝只能靠政府的有偿供应。一直到9月22日才“解封”。此时，郭振新、刘一粟、赖敏、王凯已到了返蓉的时间，于是工地只剩下白老师和我两个人。

重返工地，大部分民工已找到其他工作，师徒二人相望无助，只能亲自拿起锄头干活。自从复工以后，原来区域中的保留区时有被施工破坏的墓葬，每次我都要分出一部分工人去进行抢救性发掘，这期间大松山就只剩下白老师一人。每次我开车去接他下班的时候，他要么是拿着锄头和民工一起刮面，要么是在判断墓葬打破关系，不认识的人还以为他是个民工。借用同行者的一句话：“这个工地，能始终和学生同甘苦、共进退的，只白老师一人。”到了10月14日，同门谈北平和李嘉鑫受白老师邀请来工地，16日李佳骏也来了，这几位都经历多个考古工地，经验丰富，能力突出。他们来了之后，民工不够又成了问题。恰好，考古所李奎发掘结束后将到赫章、威宁一带去发掘，经过商量，他在民工中挑选了十位精英给我们，他们都是当地的苗族人，事实证明，他们非常勤劳，在后面的发掘中起到了至关重要的作用。至此，川大在大松山的发掘才算得上是进入正轨了。我在前面领着一部分人刮面、找墓葬，北平他们就在后面进行清理。到了10月31日，我们发现的墓葬已经达到250余座。

工地中部有一条20世纪80年代修建的水渠，此前我们的工作都在渠东。11月开始，我带着民工开始在渠西刮面，本以为这片低洼地没有太多墓葬，结果出人意料，一个星期过后，发现的墓葬就超过了300座。见此情形，大家对于年前完成发掘任务基本没有抱任何希望，除非加派人手。12月1日，已毕业的同门奉节李发金来援，此时在读同门都在上课。而从12月14日起，数日之间，同门郭振新、郭成云、赖敏、杨潇、周浩、王淇、邓雅琳、何睿琦陆续来到工地。贵州的冬腊月，时常微风细雨，阴寒至极，对于川渝及北方同门而言都是极难忍受的，但所有参与的人，白天在工地仔细发掘，晚上在室内认真填写发掘资料，这种不畏艰苦、团结协作的精神，令同行之人大为肯定和赞赏。在这种势如破竹的情形下，大家都很有信心和斗志，觉得12月底能彻底完成，回家过年。然而天有不测风云，15 日开始，振新“阳了”（指新型冠状病毒核酸检测呈阳性），北平“阳了”……如此陆陆续续，川大所有人无一幸免。好在是交替感染，工地一直未停。到 12 月 26 日川大队员全部“阳”过，但此时民工却一一感染，出现了学生多、民工少的情况。面对这种情况，我和白老师多次找考古所韩东老师借人，其时考古所的情况也和我们一样，大量的技术人员和工人倒下，但是最终还是借了 6 个人过来，勉强能满足发掘需求。至 12 月 31 日，我带着刮面团队最终完成刮面任务，发现墓葬近 800 座。元旦以后，民工陆续复工，此时又面临着白天挖得快、晚上写不完的情况，而且工地验收材料也要开始着手准备。给白老师汇报了这个情况后，他决定将发掘组成员一分为二，一部分由北平带领在外面发掘，一部分则和我在家里做资料，进度稍稍能平衡起来。2003 年 1 月 10 日开始，迫近年关，北平等陆续回家，工地成员越来越少，而验收在即，人手越来越紧张，我和佳骏时常熬夜通宵做资料。至 12 日中午，川大所有墓葬发掘结束，我和白老师将民工全部安排给考古所后返回室内处理资料。到 15 日中午，所有资料基本准备完毕。下午，白老师和振新、佳骏参与现场验收，当时我因故回了家。17 日，又在贵阳参与线上线下验收，均通过。至此，川大发掘结束。

自北平等人来到工地后，发掘进度得到了较大的提升。我们每天将出土器物放在车里拉回驻地，每周最后两天晚上，我和北平、嘉鑫、佳骏核对出土信息后打印出土器物登记表，并由我开车送至杨柳哨考古所临时驻地移交，每次均由韩建军老师核实并接收入库。

黔中大地，古来文献皆称“蛮荒”。然而半岁之间，川大成员前赴后继，发掘墓葬 800 余座，出土铜、陶、瓷、铁、珠等各类器物上千件，大大丰富了黔中历史的书写。

是文记四川大学考古文博学院白彬教授团队参与大松山墓群发掘始末。

面纱之下

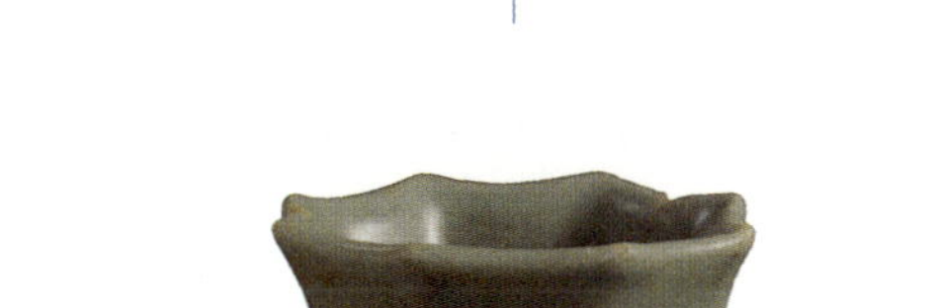

大松山墓群的文化面貌除了1400年的持续传承外，也体现了族群及文化的交流、交往、交融。

莫言松山大，文化更绵延

史 忞

贵州省文物考古研究所

大松山遗址的考古发掘缘起一所高校的建设。为配合贵州医科大学的建设，2022 年 1 月至 4 月，贵州省文物考古研究所对医科大新校区建设用地范围进行了全面的考古勘探工作，共发现墓葬 620 座。如此大规模的墓葬发现在贵州基建考古历史上尚属首次。虽说彼时也知道医科大在进行考古勘探，但因未具体接触，脑海尚无明确概念，直到钻探结束，为编写好勘探报告，所里时常开会讨论研究，显示出前所未有的重视，作为业务人员，我也多次参与，并和几位同事负责报告的部分撰写工作和图片、文字的排版工作。专家评审会时，我亦全程参与并负责记录各位专家的评审意见，专家们一致建议对墓葬进行全面发掘。这时候，我才真正意识到这批墓葬对整个贵州考古、贵州历史意义非凡。

评审结束后，发掘前期工作的准备，发掘执照的审批，与相关各方的对接等，都需要耗费大量时间，我也被所里安排去德江进行考古调查。因自己手里业务工作重，又兼职党务工作，对能否参与医科大的发掘，忐忑没底。2022 年 7 月 10 日，我与李奎、韩建军一行正在德江某个营盘上，身披烈阳，手里挥舞镰刀“熟练地”砍伐杂草时，突然接到领导电话，让我们赶紧回贵阳，准备启动医科大的发掘工作。12 日，一行人返筑，翌日便去所里上班。

大松山墓群出土的南朝青瓷盘口四系罐

当时心里盘算，刚调查回来，怎么也得修整两天，准备一下再下去。孰料刚到单位开了一个会，下午就整装出发去医科大工地了——不对，没有整装，衣服还没收就下去了！

20 世纪 60 年代，贵州省博物馆考古组曾在马场镇附近熊家坡、万人坟、大松山等地发掘东汉至明代墓葬 34 座。其中东晋至唐代的 19 座墓葬尤为醒目，不仅出土了大量精美器物，马场更是贵州两晋南朝时期墓葬发现最为集中之地，填补了贵州该时段考古空白。本次医科大发掘区域即位于大松山墓地附近，故而本次发掘继续沿用大松山墓群的名称。

众人周知，魏晋南北朝是中国历史上政权更迭最为频繁的时期，是充斥着分裂、战乱的时代。上学的时候，无论是对该时期的历史研究，还是对该时期的考古，都避而远之，未作深入了解。因此，当意识到可能会发掘诸多两晋南朝时期的墓葬时，我未免略感惶恐。

因为本次发掘的规模是我所前所未遇的，加之工期很紧，仅凭我所的微薄人力难以完成，经反复研究讨论后，决定邀请北京大学、四川大学、中山大学组成发掘联合体，共同推进大松山墓群的发掘。各高校确定了发掘区域后，我们所里也在内部进行了分配，我和胡昌国老师主要负责墓葬分布最密集的坟坝顶及附近

大松山墓群出土的南朝串珠

区域的发掘。整个坟坝顶是一处较大的东西向缓坡，中间以县道相隔，分为两个墓区。在县道东侧较高处的是1号墓区，由我负责；县道西侧为79号墓区，由胡老师负责。彭万、李奎、闵凯则负责我所发掘区域内大松山水库周围墓区的发掘。为进一步加强人手，还从毕节市博物馆、黔西南州文物局等借调了数名考古专业出身的精兵强将，从全国各地聘请多位技工师傅，又大力吸收省内高校文博专业的学生，组成了贵州考古历史上最为庞大的一支发掘队伍。

大松山墓群出土的南朝铜鍪

2022年7月13日，发掘一经启动，各发掘区便争分夺秒地投入工作之中。我的队伍由我和两位技工师傅组成，按照领导安排，我师姐，时任黔西南州博物馆副馆长毋静帆本是分给我这组的，但当时我的发掘区还在发掘表土，胡老师则已着手清理墓葬，便找到我说借用我师姐两天，等我清理墓葬的时候就归还。这一借就是刘备借荆州，此中心酸，胡老师不会懂。

1号墓区地貌复杂，除墓区中部偏东处一条形地块从上到下原始地层保存较好以外，其余靠近公路处都被后期取土平整，并建有几处房子，房屋虽已拆迁，但留下的房基和拆迁的建筑垃圾等给发掘造成了严重的困难。虽说这些建筑垃圾让施工方清理走了，但还是有较厚的表土需要发掘，且长期的人类活动使得地面变得十分坚硬，工人的锄头像是挖在岩石上一样，若下雨还罢，否则唯有让洒水车洒了水后方能进行发掘和刮面。

因施工方要修建施工区出入口，场地涉及我墓区最南侧的4座墓葬，所以最先发掘了这4座墓葬，清理完成后便交予施工。随后，我们按照从南向北、由低到高的发掘策略推进。低处的墓葬因地层后期被人们破坏，有的石室墓都已暴露出地面。通过不断反复地刮面，又确认了一定数量的土坑墓。发掘的过程说起来很简单，即先确定墓葬的范围和打破关系，照相之后便开始发掘，若有打破关系的，则先发掘打破者；后发掘被打破者，墓葬清理完成后完成必要的测量、记录、绘图和照相工作。但具体实操起来可绝不轻松，如墓葬范围找得准不准，打破关系判断对不对，一处土色不一的区域是否判断为一处墓葬，发掘和提取过程中如何不破坏随葬器物，照片和图纸质量过不过关等等，都是十分具体且每日都会碰到的问题。此皆需要我和技工师傅反复推敲，讨论又讨论，推翻复推翻，方能使发掘工作正常进行。

在发掘进行一段时间后，我们发现，坟坝顶区域已经发掘和出露的墓葬普遍长 2～3 米，宽 1 米左右，与两晋南朝时期窄长的墓葬特征区别明显，出土器物也是明代为主。此时我们逐渐意识到坟坝顶可能是一处宋明时期为主的墓区，与我心中全是两晋南朝墓葬的猜想形成巨大落差。随着工作的进行，新的墓葬不断露出面目，即使我们清楚这里是墓葬最集中之地，但逐渐增多的墓葬还是远远超出了我们的预期，目前光就坟坝顶区域发掘的墓葬数量就已经超过了 2000 座。8 月，三所高校在完成各自区域内的发掘后，集中到坟坝顶区域携手推进发掘，胡老师将发掘区域（79 号墓区）两侧分别移交给北京大学、四川大学发掘；我负责的 1 号墓区北侧则转由中山大学发掘。

发掘工作少不了当地工人的参与，他们承担了除绘图、照相、记录等专业性较强的技术环节外的大部分工作。一个考古工地民工得不得力，关系到发掘工作的成败。我对民工管理算是比较严格吧，如不允许在工地内吸烟，上下班必须准时，工作严格听安排。发现有违反规矩和磨洋工情况的我有时也会厉声训斥。这就造成了工人普遍有些害怕我，技工师傅说我在工地和不在工地的时候工人们是两个样。其实我明明是一个平易近人的人，这不被逼的吗？随着时间的流逝，工人们也看穿了我的“本性”，大家关系变得很好，时常会得到他们的照顾，心里很暖。我们对工人也分类安排，有耐心、干活细致的去清理墓葬，而体型健硕的男同志则会被安排刮面。由于没有经验，起初工人发掘墓葬时会不知道怎么下手，时而不小心将墓葬挖坏，但熟能生巧，渐而越发得心应手。尤其是小莫和小越两位小姑娘，墓葬清理得很仔细，甚至人骨都能清理得很干净。有一次我见墓边放着一个软刷，才知道因为工地的刷子毛偏硬，很难将人骨上的泥土扫拾干净，小莫为了把人骨清理好，把自己化妆用的阴影刷都贡献了出来。我大为感动，狠狠表扬了一番，并嘱咐她小心点，别把刷子弄坏，以后拿回家可以继续用，哈哈哈！

整个坟坝顶区域的墓葬除个别两晋时期的墓葬外，绝大多数都是唐宋至明代的墓葬，其埋葬顺序大致是从高处向低处发展。墓葬形制包括石室墓、土坑墓、土圹石顶墓三类。石室墓发现较多，排列整齐，墓室砌筑较随意，所用石料大而粗糙，顶部为用石板或条石横盖的平顶，部分墓葬有墓道和后龛，均未发现排水沟。

大松山墓群出土的明代牛角乳丁纹瓷罐

唐、宋墓，集中分布在坟坝顶 1 号墓区斜坡靠上位置，79 号墓区未发现。坟坝顶发掘的唐墓只见土坑墓，少量墓葬四壁用薄石片立砌一周，但均没发现石结构的墓顶。唐墓墓圹极狭长。实际上，因为这些墓葬没有可供断代的标准器型，我们起初是没能确认是唐墓的，均将其归于宋墓。后来因为大林头区域发现了较多此类形制的墓葬，尤其是在 1 号墓区又发现大量土坑墓，我们才逐渐认识到此类墓葬可能会早到唐代。墓里随葬品主要是夹砂陶釜、铁三脚架，尤其爱随葬漆木器，而宋明时期常见的瓷器、各类玻璃珠饰则基本未见。

宋墓多为东北—西南向，包括土坑墓和石室墓。土坑墓与石室墓皆较窄长。石室墓墓室砌筑相对规整，既有用大石块砌筑的，亦有用小薄石块垒砌的，墓葬形制和所用石材一定程度体现了对早期墓葬的继承。宋墓出土器物包括夹砂陶釜、瓷执壶、水波纹瓷罐、敞口瓷碗、铁三（四）脚架、铜条脱、珠饰、漆木器等，铜钱见祥符通宝、熙宁元宝、崇宁通宝、崇宁重宝等。

元明时期墓葬数量激增，集中分布在坟坝顶各区域，尤以 79 号墓区最为密集，墓葬相互打破的现象较为普遍，墓向多是西北—东南向。墓葬形制变短变宽，石室墓墓室所用石材为较大且不规整的石块，砌筑更显随意，有的墓葬四壁均直接用石板立砌或侧砌，再于其上铺一至两层石块。土坑墓大小形制不一，但总体上规模不如石室墓庞大，土坑墓与石室墓之间无明显的分布界线，常穿插分布于石室墓之间，其中 79 号墓区西侧斜坡底部分布最为密集。一定数量的土坑墓在一侧或一端掏有壁龛。部分墓葬发现木质葬具，人骨保存一般，葬式为仰身直肢。元明时期墓葬出土文物数量多、类别广，材质有金、银、铜、铁、锡、陶、瓷、漆木、玻璃、钱币、纺织品等。其中以各类陶瓷器、银梳背、铜发钗、铜手镯、铜戒指、铜簧饰、铜印章、铜铃、铜条脱、铜带扣、铁剪、锡牌饰、锡坠饰、锡鱼、锡盒，以及颜色各异、形状多样的大小串珠为代表。出土钱币有元代的大元通宝和八思巴文钱币，以及明代的洪武通宝、永乐通宝、景泰通宝、弘治通宝、万历通宝等。随葬品摆放位置亦有一定规律，陶器常置于墓主脚端，墓主头端则放置瓷器，而墓主生前使用的头饰等装饰品则分布在墓主肢体各部位及周身区域。

而坟坝顶以外的各个墓区，却又完全是另一番景象。因我又负责起草两周一次上报给省政府办公厅、省教育厅等上级单位关于大松山墓群发掘工作推进情况的简报，所以常在各墓区之间来回奔走，对他们的发掘情况有大致了解。这些墓区的墓葬主要散布于大松山水库周围的斜坡地带，墓葬年代从两晋一直到明清时期，以两晋至隋唐时期墓葬为主，它们依山势排列，三两成群，墓向不一。墓葬形制多为石室墓，土坑墓仅有零星发现，石室墓墓室系用形状不一的石块或石片砌筑而成，石材内侧修凿工整，外侧未经加工，多为自然岩面，墓室构筑规整，顶部为券顶，流行修筑排水沟，部分墓葬有墓道。从早到晚经历了墓室砌筑及所用石料从规整到不规整，墓室规模由宽到窄的变化，出土器物带有明显的汉文化特征。

现回想，大松山考古是辛苦的。从进场发掘那天开始，所有的考古队员便不辞劳累、各司其职地投入发掘工作中。为保证发掘工作顺利推进，不耽误建设工期，在数个月的发掘中，考古队员节假无休，任劳任怨，埋头苦干，他们头顶烈日，不畏酷暑；他们笑面风雪，不惧严寒。不仅白天要紧张发掘，而且晚上回到驻地还要加班整理发掘资料。在为期数月的发掘中，考古队员牺牲了大量休息和陪伴家人的时间，充分发挥了考古人严谨求实、艰苦奋斗、敬业奉献的优良传统。2022 年 9 月，受新冠疫情影响，发掘工作被迫暂停，但考古工作没有暂停，我们在积极配合防疫政策、严格做好个人防护的前提下，快速调整工作计划，从室外发掘立即转为室内整理，积极开展器物修复、拼对、清洗、绘图、资料整理等工作，同时，就疑难问题不定期开展学术交流。最让人感动的是在各考古工地坚持 24 小时值守的大叔们，他们在疫情严峻且食物短缺的情况下，自己在工地烧火做饭，虽条件艰苦，仍坚守一线，确保了文物安全，体现了责任担当，他们是考古工地里最美的风景！

现回想，大松山考古是愉悦的。如此多的同事、同仁聚在一起发掘是我工作以来未曾遇见过甚至想也不敢想的，仿佛回到了十年前本科时期全班同学在甘肃天水毛家坪一起实习时的场景。人多自是有趣的，每天可以和李奎、闵凯、胡霖等年龄相近的同事一起散散步，吹吹风，喝喝茶，会聊聊工作，谈谈家常，开开玩笑，有时也会放纵一下，去泰豪吃吃宵夜，举杯畅饮，促膝长谈。在驻地，大家相处很融洽，需要帮忙时一呼百应。吃饭是最热闹的，大家或聊聊今天有趣的故事，或说说工地的发现，逢下雨、过节还会一起包饺子。这时候，我当然是不会闲着的，要么和师姐拌拌嘴，要么和静静“动动手”，抑或找准时机从背后吓吓小王，凡此种种，似可让人暂时忘记工作的疲惫。

现回想，大松山考古自己是收获满满的。人多可是学习的好时机，在工地常会去其他墓区走走看看，与同事交流收获，互通有无。有时，自己遇见墓葬难以确认或者打破关系难以厘清时，会把附近的韩东、韩建军、韩继泽等一众高手请过来开展一次“专家会诊”，他们“开的处方”总让我茅塞顿开，打心底钦佩他们几十年积累的田野经验；有时他们的结论和自己的判断一致时，又会心里暗自高兴，感觉自己也还行。最难得的莫过于能随时向各高校老师同学们学习请教，北大、川大、中大个个都是响当当的名号，在一起合作发掘俨然是一个“群英会”。如此良机，我当然不会错过，常去北大小谢那里瞧瞧转转，常去川大凤武那里“拉拉关系”，常去中大小白那里“访问访问”，总之，不放过任何一个“偷师学艺”的机会！印象最深的是川大白彬老师，作为界内闻名的学者和教授，每天都在工地上指导发掘，非但没有一点高高在上的架子，甚至还亲自示范拿着锄头和工人们一起刮面。每每与白老师交谈，总会被他广博的学识、勤奋严谨的治学风格深深感染，他不是我老师，但他的言传身教必使我终身受用！

现回想，大松山墓群的发掘是意义重大的。2 000 多座墓葬，1 000 多年不间

坟坝顶远景（远处右侧松林下即为坟坝顶，西北—东南）

断的延续，建立了黔中地区两晋至明代墓葬的发展序列，为贵州历史时期考古学研究树立了年代标尺，是一部埋藏于地下的黔中通史。风物长宜放眼量，若局限在一座墓的话，不过是几块破石、些许泥罐，但将2 000多座墓葬放在一起，则看到的是鲜活历史、千年画卷！它见证了汉晋至明代黔中地区社会文化中心逐渐转移至贵阳周边的进程，以及明代贵州建省前后社会经济的剧烈变化；它反映了封建王朝中央对该区域进行郡县制、羁縻土司制度的有效管理；它是中华文明多元一体格局形成发展的生动案例。2023年春节过后，我们便投入紧张的“十大”申报工作中。最终大松山墓群获得评委们一致认可，在重要发现层出不穷的“考古大年”中，从全国众多强手里脱颖而出，顺利入选“2022年度全国十大考古新发现”！

大松山很大，3 000多亩的勘探面积，贵州史上规模最大的考古发掘，但比之更宏大的是它所承载的黔中绵延不绝的悠悠历史，是它所书写的历经千载的文化交融。莫言松山大，文化更绵延！

大松山！在这里我不仅看到了你七月的风、八月的雨，仿佛还看到了南朝的明月、明代的山川，看到了一个个珠围翠绕的鲜活身影，看到了一处处夜幕下的烟火人家，更看到了千年文化长河滚滚而来……

考古的艰辛和不易

白 彬 四川大学考古文博学院

2022 年 7 月 15 日，成都骄阳似火，百年不遇的高温开始在巴蜀大地肆虐，新冠疫情反反复复。我匆匆收拾好行囊，与博士研究生杨凤武一道登上开往贵阳的高铁，开启了期待已久的大松山考古发掘之旅。

之所以说“期待”，是因为 1965—1966 年考古工作者在贵州平坝马场镇发掘清理过一批六朝墓葬，出土器物丰富而精美，既有来自长江中下游的青瓷，亦有极富土著和民族特色的铜、银、玻璃装饰品，是贵州地区六朝墓葬的典型代表。贵安新区地势平坦，水草丰美，气候宜人，是贵州地区数一数二的大坝子，很早就有人类在此活动，坝子四周的山洞内密集分布有大量史前遗存，闭着眼睛都能挖出文物。曾入选 2016、2020 年全国十大考古新发现的牛坡洞遗址、招果洞遗址，就是在贵安新区地界内，离此次发掘地点不远。汉代至宋明时期的遗址、城址、墓葬，在贵安新区屡有发现。可以说，贵安新区是考古工作者心目中的富矿区，我们不远千里来到贵安，当然期待在这片考古的圣地上有新的重要发现！

交叉施工（四川坟地点，2022 年 8 月 6 日）

抵达贵安新区后，还没有来得及去宾馆办理入住手续，即在贵州省文物考古所所长、项目负责人周必素女士的带领下，直奔已先期开工的坟坝顶发掘现场参观。坟坝顶位于大松山水库西南部，发掘点以北约 200 米即为 20 世纪 60 年代发掘的大松山墓地，往北约 1.5 千米即为人烟稠密的马场镇。一条通往马场镇的乡村公路把坟坝顶墓地分割为东、西两部分。因探明的墓葬数量多，故贵州省文物考古研究所的同仁率先在墓葬最密集的公路西侧动工发掘。看着坚硬的黄土下刚刚露头的石室墓，密密麻麻的，有的墓葬压在探方隔梁下，有的则压在电线杆下，我心里直犯嘀咕，工作难度可不小啊！

川大第一轮发掘区远景（发掘区域在两组建筑之间，南－北）

7 月 16 日一大早，贵州省文物考古研究所技师韩东开车送我们去马场镇进行核酸检测。按当地的防疫政策，三天两检是必修的功课。核酸检测后，直奔发掘现场。根据牵头单位——贵州省文物考古研究所——的统一安排，四川大学负责大松山水库西北片区地块的考古发掘。发掘区位于大松山水库北岸，西邻贵州省实验中学，碧水蓝天，风景秀丽。此一片区探明的古代墓葬多而分散。更糟的是，不少探明有古代墓葬的地点，都还为大面积的茶树、梨树、樱花树、杂树、荆棘和灌木丛所覆盖。发掘场地未清表，怎么进行发掘呢？好在发掘区域所在的工程建设方——苏商集团——行动迅速，立即调派工程机械砍伐和拖运树木。7 月 22

洋沟土 M4

洋沟土 M4

青铜盆、四脚铁架（洋沟土 M4 出土）

日，我们的发掘工作正式展开。

发掘一直是在紧张、焦虑和不安中进行的。按照计划，2023 年 9 月贵州医科大学的新生就要入住新校区，留给考古发掘和施工建设的时间很短，所以工程代建方隔三差五就到发掘现场催问发掘进度；工程代建方、施工建设方和考古发掘方每周碰一次头，了解发掘进展；考古发掘方每两周就要向有关部门提供一期考古发掘工作简报。尽管如此，发掘现场的氛围还算正常。

顺利完成大团坡、小团坡、茶叶林地点的考古发掘，移师至四川坟、杉树林地点后，情况变得异常严峻！施工便道在我们的眼皮子底下以神奇般的速度开建；重型卡车、挖掘机、推土机在考古工地附近打进杀出，轰鸣之声不绝于耳；负责地勘的专业队伍亦突然进场，打桩机的声音震耳欲聋，令人心烦意乱；抽排水管道横七竖八，随处可见；与打桩伴生的污水、污泥肆意排放，把工作通道和发掘现场弄得一片狼藉。一天下午，我不慎滑落掉进打桩排水形成的积水塘中，挣扎了很久才爬起来，全身上下和双肩背包沾满了污泥！我曾在四川、重庆、湖北、河南参加过若干配合重大项目建设的考古发掘，但在如此恶劣的交叉施工环境中进行考古发掘，还是第一次。

六系青瓷罐（洋沟土 M4 出土）

随着考古发掘渐次向邻近大松山水库北侧缓坡的洋沟土、碑边、窝冲头、水库边、烤烟房推进，终于走出了被挖掘机、推土机、打桩机围追堵截的困境，第一期工程施工用地被腾挪出来交给建设方，发掘的节奏暂时可以放缓一些。

第一阶段的发掘成果与先前的预判有较大出入。首先是墓葬数量不多。我们费了九牛二虎之力，才清理出 40 座墓葬。其次，这批墓葬绝大多数为石室墓，以唐宋及以前的墓葬居多。第三，墓葬大都空无一物。大松山水库周边的坡地墓葬数量少，分布稀疏，不仅四川大学负责的片区如此，北京大学、中山大学负责的大松山水库东北片区和东南片区，情况亦是如此。此一现象或可说明，唐宋及以前，在大松山一带生活的先民，人口不是太多，故墓葬稀疏亦属寻常。当然亦有另一种可能性，即彼时葬埋的核心区域，我们尚未找到。墓葬空无一物，多与墓葬被盗有关。据当地居民回忆，大松山水库一带很长一段时间都是茶厂，是关押劳改犯的场所；大松山水库以南是军事禁区，过去驻扎着一个高炮连（现在都还残存有炮台），盗墓贼一般是不会光顾这样的场所的。所以这些墓葬的被盗，大概率不是近年发生的。从我们在小团坡发掘的两座石室墓看，墓葬开口在厚达

青铜盆（坝坎边 M1 出土）

青铜盆底部的修补痕（坝坎边 M1 出土）

1 米的耕土层下。厚约 1 米的耕土层，实际可细分为三层，第一层是现代表土层，第二层是 20 世纪 50 年代当地村民平整山坡形成旱地或梯田（当地人称“坡改梯”）形成的堆积，第三层是 20 世纪 50 年代及以形成的堆积。因在上述地层中见不到明显的盗洞，故推测这批石室墓被盗的时间均不会太晚，应早在 20 世纪 50 年代或更早。

不过亦有一些令人欣慰的发现。小团坡 M1 为长方形券顶石室墓，随葬品有铁剪、串珠、铜戒指等，可知死者系一女性。值得注意的是，死者的牙齿及串珠、铁剪等，均位于墓门亦就是朝向坡脚的那一侧，我们姑且称之为“倒埋”“倒葬”。这一特殊的葬埋习俗，屡屡见于其他石室墓，看来并非孤例。洋沟土 M4，亦为一长方形券顶石室墓，系用较为规整的石片错缝垒砌而成，石券墓顶的外观犹如刺猬一样。因有成排的棺钉发现，推测葬具为木棺；骨骼已完全腐烂，封门一端发现牙齿数枚，看来亦为“倒葬”；未见珠饰之类饰品，推测墓主系男性。随葬品主要置于墓室后部，包括置于方形四脚铁架上的青铜盆，青瓷罐、陶罐、木盘等。青瓷罐釉色光亮，上大下小，下腹内收明显，四个横系两个竖系，是来自岭南地区的产品。坝坎边 M1 石室墓出土提梁青铜盆，盆底有烟炱痕，明显是实用器。值得注意的是器底一侧有明显修补的痕迹，看来在当时人心目中铜盆是很贵重的器物，故用坏了都舍不得丢弃，故加以修补，继续使用。这批石室墓，通常都是将随葬器物置于墓室地面上，但碑边 M1 石室墓比较特殊，墓底后部一侧的生土面掏挖有一圆形土坑，将铜釜完全埋在土坑内，坑口上置一石块。该墓随葬品早年被盗墓贼洗劫一空，就是因为铜釜被埋在器物坑中，这件青铜器才侥幸地保存了下来。类似的葬俗亦见于茶叶林M1、碑边M2石室墓，只是器物坑内埋的是陶罐，陶罐大部分被埋于土坑内，部分暴露在地面上。

2023年8月17日，大松山水库西北片区的考古发掘已接近尾声，但工作尚未完全结束。就在这个节骨眼上，我们接到贵州考古所的指令，火速增援坟坝顶！

贵州医科大学新校区建设用地范围内探明有墓葬的地点83处，坟坝顶地点是墓葬数量最多的一处。经过整整一个月的发掘，贵州省文物考古研究所的同行发现，坟坝顶地点的墓葬太过于密集，他们在中心部位打开的约1 000平方米范围内发现墓葬200多座，尚待发掘的面积还有近万平方米，发掘任务十分艰巨。如不调整发掘思路，很难按期完成发掘并准时交出地块。贵州省文物考古研究所在与北大、川大、中大三所大学会商后，要求三所大学尽快结束第一阶段的田野工作，火速增援坟坝顶，进行考古大会战！根据分工，贵州省文物考古研究所继续在坟坝顶中部区域进行发掘，北京大学负责坟坝顶南部区域的发掘，中山大学和四川大学分别负责坟坝顶东部和北部区域的发掘。

川大负责的坟坝顶发掘区，属于墓地的北部边缘，由南往北大致可分为三个相对独立的地块，估计墓葬数量有百座左右。如果按照第一阶段的发掘进度，预计可以在两个月左右完成考古发掘，收队回成都。随着田野工作渐次展开，我们意识到，事情没那么乐观！

铜釜上盖的石板（碑边M1）

碑边M1器物坑中的铜釜

第一轮发掘区尽管多为茂密的茶林、树林、灌木丛和荆棘所覆盖，但施工建设方积极配合清表后，往下发掘 30 ～ 50 厘米，石室墓即露头，墓葬发掘的难度不大。坟坝顶情况则复杂得多。第一个地块地表上的杂物不多，相对比较单纯，但第二、三个地块，当地村民曾在此修建房屋，房屋基础、堡坎完整，墙基下得很深，残砖、断瓦、水泥等建筑垃圾俯拾即是，发掘难度颇大。三个地块所在的这片区域，经过 20 世纪 50 年代坡改梯，20 世纪 60 年代修建公路，20 世纪 70 年代修建灌溉渠，十多年来兴建房屋、种植葡萄等生产生活活动，导致其地形地貌较之两晋南朝至宋元明时期有很大的改变。墓葬上方都叠压着很厚的浮土层（不排除部分是封土的可能性，但已难于分辨），地势越低浮土层愈厚（最厚的浮土层近 2 米）。如果浮土层没有清理干净，极有可能造成遗漏墓葬。坟坝顶是贵州医科大学新校区第二期建设用地，施工建设方根本不理会我们的清表诉求。眼见压力越来越大，时间越来越紧，我们只有自己想办法清表、转土。更为棘手的是，坟坝顶除了石室墓，还有数量巨大的竖穴土坑墓，墓葬之间的打破关系复杂，石室墓打破土坑墓，土坑墓打破土坑墓，为发掘增添了不小难度。8 月的贵安，晴空万里，天气依然炎热，雨水较往年同期少了许多，泥土坚硬，挖土挖不动，刮面刮不动。贵州考古所胡昌国副研究员三天两头就要联系马场镇的洒水车来工地，把发掘场地整个浇洒一遍，然后使用塑料薄膜把场地全部盖上以保持湿润。如果浇洒之后洒水车的水还有富余，则存放在发掘现场四周的白色塑料桶内，以备小范围浇洒和发掘之用。

本着先易后难的原则，我们首先在第一个地块开始工作。把浮土清运干净后，我们要做的就是把地表上那些五颜六色的土块分辨清楚，弄清哪些是生土（生土并不都是一种颜色），哪些是墓土，哪些挖到位了，哪些还需要继续下挖。刮面是寻找墓葬的关键。刮面是技术活，得使暗劲才能把地皮刮得干干净净、清清爽爽，刮得不好还会被老师训斥，甚至要反复重来，费力不讨好，所以一般民工都极力逃避，宁愿挖土、推车都不愿意刮地皮。部分墓葬特征明显，容易辨识，我们专门物色了几个脑子灵活的民工进行训练，他们很快就能上手。有的墓葬，特别是土坑墓，填土与生土差异不甚明显，打破关系复杂，则需我们自己亲自动手，反复琢磨，仔细分辨，并约请贵州省文物考古研究所的同仁前来相助、集体会诊，方可划定墓葬的四至范围，弄明打破关系。我们在坟坝顶发掘的所有墓葬，都是这样经过我们的双手一个一个地划定的。

8 月 25 日，第一个地块已铲平，刮面过半，发现并确定墓葬不下 70 座，墓葬的数量和密集程度大大超出最初的估计。事不宜迟，墓葬的发掘清理得尽快启动。现场的专业人员分成两组，一组继续负责刮面找墓，另一组开始清理墓葬。墓葬发掘在有条不紊地推进，但不断有令人沮丧的消息传来，邻近的乡镇有新冠病例发现，要求现场发掘的民工、工作人员佩戴口罩。9 月 1 日，因新冠流行，成都“封城”了。在惴惴不安的气氛中，清理发掘了 11 座墓葬，其中的 M363，出土器物相当丰富，包括三脚铁架、陶釜（置于三脚铁架之上）、漆器、瓷罐、银梳背、青铜发钗、手镯、戒指，还有很多不同颜色的玻璃珠，准备次日绘图、照相并提取。

9 月 2 日一大早，吃完早餐，准备驱车前往工地，突然接到通知说，因贵安新区下辖的高峰镇出现新冠病例，去往发掘现场的公路已被封堵。杨凤武开车前往探查虚实，了解到通往安顺的道路是畅通的，但前往贵阳市区的道路已被阻断，而参加发掘的民工不少来自高峰镇，因为路封了，他们出不来。很快在微信群看到花溪区应对新型冠状病毒感染疫情防控现场处置指挥部发出的通知，自 9 月 2 日至 9 月 5 日，全员居家静默 4 天，在此期间内，完成三次核酸检测。出现疫情，路也封了，没有民工，工地只有停工。已经清理出来的器物还没有提取，我们非常担心，只好一再电话叮嘱在工地 24 小时值守的胡、杨两位师傅，注意巡查，千万别出篓子。

我们所在的泰豪 E 时代没有新冠病例，我们估摸着在宾馆静默个四五天就会解封，毕竟新冠已经闹腾了两年多！因为封城和静默，很多工作只有被迫延误了！

全员静默的同时，我们周围的餐馆、水果摊全都被责令停止营业，不过胆子比较大的餐馆仍在偷偷开门，所以我们的一日三餐暂时还未出现困难。餐馆老板担心被发现，要我们关着门吃，吃完之后赶快离开，好像是做贼一样。或者应餐馆老板要求，把饭菜做好打包在宾馆大堂吃，结果被宾馆楼上的住户横眉冷对厉声训斥了一番，说我们不该这么多人聚众吃饭，会传染新冠病毒的！为了防止被人举报，我们只好把饭菜带回宾馆房间吃。后来这些胆大的餐馆或者被举报，或

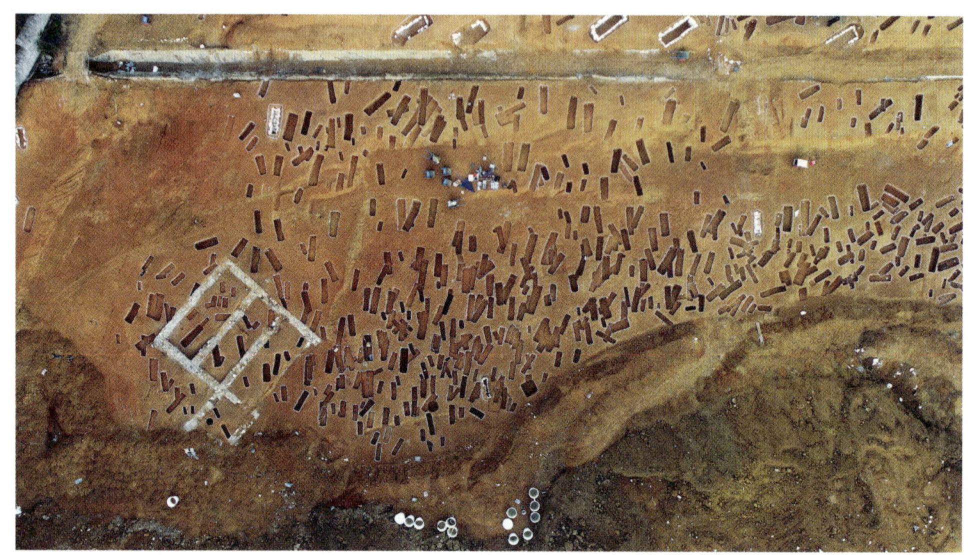

坟坝顶灌溉渠以西密集的墓葬

者被有关部门巡查发现，被迫关门歇业了。这下好了，连吃饭都没有保障了。为了填饱肚子，我们曾经偷偷跑到考古工地附近餐馆吃饭，后来餐馆进不到食材，也去不成了。后来，管控越来越严格，进出宾馆的大门也被锁上了，因为宾馆房客健康码发现有红码（巧合的是，这个房客就住在我房间的斜对面）。这样一来，我们就只有老老实实待在房间，大门不出，二门不迈！正当我们一筹莫展的时候，贵州考古所张兴龙副所长打来电话，说马场镇人民政府准备为外来被困人员有偿解决用餐问题，让我们三所高校委托一个联系人，将用餐人数、时间、地点统计好，尽快报上去。谢天谢地，吃饭问题终于解决了！

已经静默了 10 天，仍无解封的迹象，参加发掘的师生有点着急。9 月 11 日，贵阳市滞留宾馆酒店外地游客服务保障工作指挥部发布《关于公布外地滞留贵阳宾馆酒店游客离筑咨询电话的公告》，有同学想利用这个难得的窗口期离开，有的则想留下来继续等待。我打电话咨询了马场镇的有关工作人员，被告知可以申请离开，但申请何时获得批准，需要等待；可以保证我们顺利离开马场镇，但中转途经的安顺或贵阳是否同意我们进入所管辖区域无法保证；一旦离开马场镇，中途被拦截欲重返者，是不会被接纳的。考虑到返程路上有太多不可控的因素，不得已放弃了返乡的念头。

9月20日，微信群里看到马场社防办通知，我们所在的泰豪E时代属低风险区域，即日下午起取消静默管理，实行“两码一核”通行，但只能在马场镇区域内流动，马场镇以外区域出不去亦进不来。尽管三天两头仍需核酸检测，但总算可以自由活动了。

9月23日下午，工地在停摆20多天后，终于复工了！我们仍然安排一组人员负责发掘，一组人员继续清表、刮面，寻找和确定墓葬。但苦恼随之而来，清表、刮面和发掘没有民工可用。因为高峰镇仍未解封，那里的民工无法跨区域来工地干活；有的民工家里有小孩，小孩要使用手机上网课，一时半会儿无法来工地，由此导致民工自然减员很厉害。一直到10月20日，贵州省考古所李奎的发掘任务结束，将前往毕节接手新的工地，于是将其培养的10个精英民工转给我们，用工荒的问题才得以缓和。但直至工地发掘结束，人手短缺的问题一直存在。

11月15日，经过差不多三个月的奋战，四川大学负责的坟坝顶地点三个地块的刮面终于完成，找到并确认石室墓、土坑墓近300座。下一阶段准备全力以赴专注于发掘，争取在元旦之前结束田野。胜利在向我们招手，曙光在前方。

新冠后首次聚餐（2023年1月1日）

2022 年 12 月 31 日，川大考古队的“大内总管”杨凤武新冠康复后在工地上

就在这时，贵州考古所决定，灌溉渠以西部分的地块，交给川大刮面。这个地块的面积可不小。贵州考古所在该地块南部约 500 平方米范围内，已刮出石室墓、土坑墓 200 多座。剩下需要刮面的面积不下 4 000 平方米。坦率地说，是否接受这一任务，我有过犹豫。接手吧，春节前很难拿下发掘任务，若春节后再来贵安发掘，队伍难以组织，新冠疫情怎么发展更难预料；不接手吧，贵州考古所的同仁会觉得川大师生不给力。与参加发掘的同学商议后，决定顾全大局，咬紧牙关，一鼓作气，干！

7 ～ 8 月参加第一轮发掘，希望发现和寻找到的墓葬越多越好，可惜墓葬就是找不到；而现在，心态完全变了，只有默默地祈祷灌溉渠以西刮出来的墓葬不要太多，稀疏一点，越少越好。我们带领几个刮面高手从邻近贵州考古所那条出土通道下手，不足 200 平方米的范围竟刮出 120 多座墓葬！真是欲哭无泪啊！中山大学的现场负责人小白、北京大学的现场负责人小谢来川大工地参观，我郑重其事地邀请他们来这里挖墓，现成的，线都画好了！两位年轻人婉言谢绝。能理解，他们的发掘任务也很重，没挖的墓葬也还不少。应承下来的任务，只好自己硬着头皮去完成。

就这样，顶着寒风，直到 2022 年 12 月 31 日，才把最后一块地皮刮完。一数，刮出来的墓葬竟有 480 多座！

11 月底 12 月初，贵安已进入寒冬季节，阴冷湿滑。取土、刮面、推斗车运土的还好，因为不停地在活动、走动，尚不觉得寒冷，但蹲坑清理墓葬的同学和民工，长时间保持同一姿势，手脚都被冻僵了，叫苦不迭。贵州考古所给各发掘单位提供了㭎炭，但只够清理墓葬取暖用，其他人员只有各显神通。在工地上干活的当地村民，把自家的脸盆、脚盆带到工地，去大松山捡取树枝、枯树生火取暖。一时间，工地浓烟滚滚，火焰四起。工地形象虽然差了一点，但健康永远是第一位的，我们不会责怪民工，只是提醒他们要注意用火安全，尤其是下工后务必将火种扑灭。

国家逐渐放宽了对新冠的管控，新冠感染者呈几何倍数增加，退烧药、N95口罩变成了紧俏物资。此时的贵安，一片祥和，口罩、药品充足，丝毫感觉不到危险在一步步地逼近。在我看来，贵安地广人稀，相对封闭，新冠要在这里兴风作浪，估计得等到临近春节，外出民工返乡过年，才会掀起一波感染的高峰。难得的时间差和窗口期，一定得把握住。恰在此时，包括川大在内的高校纷纷停课，鼓励学生提前离校。尚待清理的墓葬为数不少，心急如焚，我便邀约部分具有丰富田野经验的博士研究生和硕士研究生来贵安救急。

抱着亲自发掘出土器物的喜悦（2023年1月5日）

川大负责的坟坝顶发掘后（局部，西—东，2023 年 1 月 11 日）

学生们毫不犹豫就答应了！雪中送炭，令我感动万分。出发前，我再三叮嘱他们全程戴好口罩，不要喝水，不要吃东西，到驻地后再进食。尽管贵安尚未出现新冠大规模暴发的迹象，但在同学抵达工地前，我还是请杨凤武购买了口罩、体温计、感冒药、退烧药、咽喉含片、枇杷露、酒精等，防患于未然。

12 月 14 日，研究生们冒着严寒来到贵安考古工地。随着大批有生力量的加入，工地提速不少，大家都摩拳擦掌，准备痛痛快快地干一番。但几天之后，其他几个发掘单位的技工师傅开始请假，说是感冒了；贵州考古所聘请的贵州民族大学的研究生开始请假，说是感冒了；川大工地的民工开始请假，说是感冒了；我们的学生也开始一个接一个地倒下。一问，症状都大同小异：畏寒、反复高烧、肌肉酸痛、头痛欲裂、咳嗽、喉咙痛、味觉和嗅觉失灵。我猛然意识到，他们中招了，新冠病毒偷袭了我们。

为避免交叉感染，我们决定所有发掘人员各自分散就餐。但为时已晚，同学仍在不断倒下！

12 月 21 日，工地最惨淡的一天。第一轮发掘区的沙垌坡地点再次发现石室墓，我带着已经出现不适症状的李嘉鑫赶往现场。他强撑着干了一天，当天晚上就病倒了。民工有 10 多人请假或病倒；老师和研究生 14 人中，中招 10 人，仅有 4 人在工地苦苦支撑，勉强维持工地的正常运转。我自己在 12 月 23 日也感染上新冠，躺了四五天才缓过来。身体素质最佳、被同学称为“天选打工人”的李发金（现供职于武汉市文物考古研究所），元旦后也感染上了新冠。至此，川大考古队所有人员无一幸免，全部中招！

转眼就是 2023 年元旦，同学们病后初愈，身体仍很虚弱。我们冒着风险组织了一次聚餐，就算过节了。元旦假期，我们在工地上继续奋战，进行最后冲刺。或许是已经磨合了半个月的缘故，大家的工作效率很高。1 月 4 日，清理墓葬 46 座。1 月 7 日，清理墓葬 54 座。1 月 11 日，完成最后一座墓葬的发掘，全部人员转入室内整理。1 月 17 日，参加发掘的最后一批人员顺利返回成都。

功夫不负有心人，坟坝顶地点的发掘收获满满。发掘清理宋元明清时期墓葬 780 余座，出土器物 1 400 余件。宋代墓葬不多（M1822、M1829），均为竖穴土坑墓，随葬品仅有条脱，其形制与贵州遵义南宋播州土司杨价墓所出很相似。元代墓葬数量亦不多，有石室墓、土坑墓之分。流行将铜钱分割为两块，分别放置在死者身体不同部位的习俗。M1114 为石室墓，墓葬形制与明代石室墓差别不大，随葬青花瓷盘、瓷杯、陶釜（置于铁三脚架上）、陶罐、戒指、漆器，伴出“大中通宝”铜钱（两个半枚），可知该墓年代为元末明初。M1386 为长方形竖穴土坑墓，随葬陶釜、漆器、玻璃珠，以及铜铃、发簪、手镯、戒指，因墓内伴出八思巴文“大元通宝”钱币（两个半枚），可知该墓亦为元墓。明代墓葬数量最多，亦有石室墓、土坑墓之分。石室墓数量不多，成排集中分布在

条脱（坟坝顶 M1822 出土）

坟坝顶山腰，墓向朝向西北。石室均为长方形，前带斜坡墓道，墓顶多不存，仅存四壁的石块（石板）。葬具为木棺，仰身直肢单人葬，部分人骨保存较好。流行顺葬（死者头在墓室后壁，脚在墓门一端）、毁器（如将瓷器的器耳敲掉、打碎），以及将铜钱分割为两三块，分别放置在死者身体不同部位的习俗。随葬品较丰富，基本组合为陶釜（使用三脚铁架或石承托）、酱釉瓷罐、漆木器，女性墓葬除上述器物外，多有发簪、手镯、戒指和大量珠饰，男女区别明显，女性墓主的随葬品远比男性丰富。明代墓葬中，土坑墓数量最多，集中分布在山脚，山腰部分亦有不少分布，因多被石室墓打破，年代应比石室墓稍早。墓向不一，或向西北，或朝西。土坑墓有大有小，其中部分长 30 ～ 50 厘米、宽约 20 厘米，死者可能是未成年的婴孩。随葬品亦有较丰富者（如 M388、M390、M1164），但相较石室墓要少得多，多仅有陶釜、漆木器，瓷罐罕见，一般没有珠饰等装饰品，很多土坑墓空无一物，没有随葬品，显示出石室墓和土坑墓的墓主在财力上存在较大差异。清代墓葬数量较多，均为竖穴土坑墓，随葬品最显著的特征是，在土坑后壁或侧壁近后壁处掏挖一龛，龛内置一青瓷瓶，瓶上放一青花瓷碗。

M358 出土玻璃珠

青花瓷盘、杯（M1114出土）

M1499头龛出土器物

回顾在贵安大松山墓群发掘的6个月，真是感慨万千。大松山的墓葬形制不算复杂，随葬器物不算丰富，考古发掘的难度系数不是太大，没想到在新冠疫情的特殊背景下，田野工作经历了如此多的艰难和曲折。

大松山墓群，2023年3月入选“2022年全国十大考古新发现”，参加发掘的川大老师和同学欢呼雀跃，非常自豪！一般公众对此项重大考古发现记忆最深刻的，或许是这批墓葬出土的琳琅满目的发簪、戒指，精美绝伦的项链，五花十色的玻璃珠，独具民族特色的条脱，但很少有人知晓，为及时抢救发掘出这些文物，考古人的辛勤付出，以及他们所承受的压力、所经历的痛苦、所遭遇的困难。面对各种问题和矛盾，面对各种突发状况，像鸵鸟一样回避是没有出路的，总得想办法去解决、去化解、去应对。从这个意义上讲，要把考古工作干好，仅凭专业娴熟是远远不够的。或许，这才是考古的常态，才是考古的魅力所在！

大松山考古散记

方笑天　韦　正　　北京大学考古文博学院

2022 年 7 月上旬，大松山墓群的考古发掘工作在贵州省贵阳市贵安新区拉开帷幕。此时的北京正处在闷热的苦夏，是一年之中比较难过的时节，因此我们在贵阳龙洞堡机场甫下飞机，立觉天高气爽，凉风扑面，“爽爽的贵阳”果然名不虚传。坐上贵州省文物考古研究所早已安排好的车辆，我们直奔位于贵阳西南约 40 公里的发掘地点平坝马场大松山遗址。一路畅通，风景绝佳，盖因这里正处贵阳至安顺间，是多山的贵州高原当中平整坝子最为集中的地方，无怪乎安顺、宁谷、天龙、平坝、夏云、马场、清镇等地名屡次出现在汉六朝及更晚时期的考古发现之中。古今之通，顿时感悟。

真不愧是新时代的贵州速度！我们沿途时而可见远处隐约的大山，偶于路旁闪过民族风情浓郁的建筑，愈接近贵安新区，则愈常见新建的高楼、宽阔的道路及正如火如荼工作着的建筑工地。2014 年，国务院批复设立贵州贵安新区，着力瞄准数字经济，贵安已在全国算力网络和数据中心中占有一席之地，而贵州医科大学新校区也在这一新区安家落户。本次发掘的大松山墓地，即位于新建的贵州医科大学新校区内，是配合贵安新区建设而进行的重要考古工作。新区建设的高标准配置，形成了较为完备的住宿、餐饮区域，这样一来，极大方便了我们一行的食宿安排。在贵州考古所的精心安排与帮助下，我们在大松山的发掘条件，与以前住在偏远农家，自己张罗做饭，随时停电停水，甚至需要与蚊虫老鼠斗智斗勇相比，真可谓天壤之别。

大松山墓地发掘由贵州省文物考古研究所、北京大学考古文博学院、四川大学考古文博学院、中山大学社会学与人类学学院共同承担。7 月 15 日，各家队

准备拍摄墓葬开口照

大松山墓群北大部分发掘队员合影

大松山墓群北大工地开工前合影

伍陆续到达，简单共进晚餐后，随即在院中开始工作部署。在此之前，贵州考古所已在贵州医科大学建设区进行数月钻探，摸清了遗址基本情况。遗址平面近似长方形，总面积约 180 万平方米，东北、东南有小丘，中有大松山水库，西部地势较为平坦。20 世纪 60 年代曾出土一批精美器物的大松山六朝墓即位于区域的西部。此次发掘面积大，墓葬数量多，又因配合贵州医科大建设周期，时间上非常紧张。发掘尚未开始，我们已经感到任务艰巨、使命光荣。综合考虑多方因素，我们将发掘区分为四个区块，依次展开。贵州省文物考古研究所周必素所长强调了发掘中几家单位要齐心协力，共同进退。后来的情况证明，这一原则非常英明，是发掘顺利完成的关键。那天晚上，我们打着手电筒，展着图纸，周必素所长与张合荣、张兴龙副所长指点江山、挥斥方遒的样子至今依然历历在目。

第二天，我们进入工作现场，第一次真切感受到教科书上出现过的“平坝马场六朝墓”。省所的韩东老师参与了前期钻探，开车带我们将发掘区巡过一遍，举目四望，漫山遍野都是墓葬标记：“这里，这里，杆子上绑着塑料袋的都是墓！”我和北大研究生孙嘉茹、邱华轩兴奋了起来。我们的发掘区是如此巨大，走遍它要 2 小时左右；而整个发掘区，通常需要开车通行。这里此前不为人知的历史正等着我们去探索、发现。北大负责的发掘区位于遗址东北角，内有两座小丘，墓葬主要分布于山脚地带，这里的先人们想必遵从着依山而葬的古老习俗。我们最先清理的地方叫作马坡，据当地人讲是因常放马于此而得名，共有 7 座石室墓，有序排成两排。这应该是同一家族的埋葬地。嘉茹干活麻利又细致，华轩则似猛将，常穿一宽大防晒服似鹰一般直扑墓中，他们的给力工作使发掘进展得十分顺利。墓葬中陪葬的器物不多，通常只有几件陶罐，它们的烧造质量极差，一碰就碎，碎而成粉，所以我们在提取过程中，不得不尝试多种方法。发掘的工人说，这边现在有由女儿给亡父烧造陶器的传统。不知我们发现的这些脆弱的陶器，是否也代表着女儿对父亲的一片孝心。

打水平

北大和川大大松山墓群考古发掘队员合影

7月底，马坡的清理工作基本完成，我们心里却有喜悦、有期待、有担心。喜悦的是墓葬埋藏较浅，发掘难度不大。然而，目前还未出土我们想要找到的六朝的优质青瓷器和精美首饰，这让我们迫切期待后面的发掘。主要的担心则是清理速度比较慢，按照预估，北大负责片区的墓葬数量应为百余座，照这种速度弄下去，感觉要超时，为此，我们需要加派人手，加快工作。后来，马铭悦、钟宛彤、王唯丁同学加入了队伍，戴恬同学及时提供了远程支援，我们的工作更加得心应手起来，抓紧时间向第二战场进发。

然而，在我们兴致勃勃地从马坡向北，揭开小丘西面、北面的表土，按照前期钻探所做标记寻找墓葬的时候，却遇到了很大的问题：钻探标记的很多点位，竟然没有墓葬。于是，我们的担心马上从人手不够变成了墓葬不足。中山大学的发掘区位于东南角，与我们隔河相望，景况也与我们类似，墓葬数量出人意料地大幅缩水，如何找墓一下子成了工作的重心与主题。中山大学发掘队的张勇老师显然和我一样愁云惨淡，他从工作中总结出根据地表碎石找墓的经验，然而所找到的墓葬仍然可怜。那几天，当我们在用密集的交叉探沟掘地三尺遍山找墓时，时常依稀看见对岸张勇老师那消瘦的身影，拎着手铲，徘徊在已去表土却没有几座墓的空旷山头。在此期间，有几天因雨停工，我们参观了贵州省所彭万主持发掘的轻工职业技术学院墓群。墓群有大片墓葬，排列有序，发掘清理工作也做得

清理墓葬

规范、干净，我们唯有艳羡之情。那个时候，谁也没想到，后面竟然像故事一样，我们发掘的墓葬数量会远远、远远地超出预期。

在墓葬数量缩水的那段时间里，为了能够完成任务，我们甚至希望拥有“望气”的本领，指望着周边的地势，附近的山水，都能成为富有灵性的指引。其实，对遗址地貌的观察，确实能够揭示墓葬的分布情况。人类活动的聚落马场镇位于遗址西北，进入遗址的道路在西而不在东，东部山丘环绕，较为闭塞，墓葬分布在离居址更近、交通更为便利的西部，实属情理之中，东部发现墓葬的希望实已渺茫。8月初，我们正在发掘区域东部的小丘高处，有枣没枣打两竿地希望再发现些墓葬。恰逢贵州省博物馆馆长李飞前来工地慰问，他在山脚下远远地看到我们在小丘上，披荆斩棘地找到我们，看了看地形后就直言此地希望不大，这与我们之前的判断不谋而合。到8月上旬，随着大部分表土揭开，局势愈趋明朗，东部几无希望，只能寄望于西南部墓葬最为密集的坟坝顶墓区。发掘伊始周所长确定的共同进退方针，此时发挥了关键作用，我们果断调整战略，北大、川大、中大尽快结束手头的发掘，集中力量共同清理位于遗址西部、墓葬分布最密集的坟坝顶墓区。

8月底，三家大学在各自发掘区的工作基本完成，胜利会师遗址西部。此时省所在坟坝顶墓区发现的墓葬越来越多，墓地范围不断向外延伸，墓葬密密麻麻地紧挨在一起，蔚为壮观。我们负责坟坝顶墓区南部的部分墓葬，后来又发掘了坟坝顶西面的大林头墓区。这里墓葬的形制与此前在东北部发掘的完全不同，墓室从瘦长变得短宽，四壁多立石，墓顶是平顶盖板而非小石垒券，都是不同时代的文化印迹。这里的出土器物也变得丰富起来，花样精致的银梳背，色彩缤纷的玻璃珠串，样式丰富的铜镯、铜戒指、铜钗一件接一件出土，可以想见墓主生前的盛装模样。我们终于又从对找不到墓的担忧，转回如何高效地完成发掘工作，以及怎样做好出土后的文物保护。随着开学的临近，前期参加发掘的人员陆续回京；党丰、李钟石和谢安琪克服了疫情等困难，出色地完成了发掘工作。贵州大松山的发掘过程可谓跌宕起伏，峰回路转，考古工作往往如此，不到最后一刻，谁都难以预料，不过，这恰恰也是考古的魅力所在。

文明因考古而重生。最终，贵州省贵阳市贵安新区马场镇大松山墓群发掘面积 13 500 平方米，共清理墓葬 2 192 座，出土各类文物 4 000 余件（套），墓葬数量之多，延续时间之长，均为全国罕见，得到政府、社会与学界的高度关注与一致肯定，最终获评“2022 年度全国十大考古新发现”。这些虽然“无名”但

墓葬中出土的银梳背、铜发钗和玻璃珠

却实有其人的墓葬，作为最小的社会肌理，诉说着自两晋至明清一千余年间不断裂的文明血脉，描绘出由两晋南北朝中原与边疆频繁互动，到明代改土归流的发展进程，真切地展现了中华民族交流交往交融的具体场景。

同样值得铭记的，是贵州省文物考古研究所、北京大学考古文博学院、四川大学考古文博学院、中山大学社会学与人类学学院四家单位，在数月并肩奋战中结下的深厚友谊。贵州省所周必素、张合荣、张兴龙、胡昌国、左云杰、彭万、史忞、李奎、陈卿、程永静、侯清伟、韩东等老师自始至终给予我们诸多帮助照拂；四川大学白彬老师不畏寒暑在工地以身作则，为我们树立了榜样；中山大学郑君雷老师古道热肠，帮我们联系了技工吴海涛、王雷师傅，在发掘过程中发挥了很大作用。张勇老师曾以“西南联大”勉励我们，我们此时虽无先贤们的家国之忧，但在互相交流、沟通、协作中，传承中华文明，讲好中国故事，却实属一脉相承。

2023 年初田野工作基本结束时，我们最初曾掘地三尺奋力寻墓的区域，已于平地立起高楼，据说即将封顶完工。古人用沧海桑田、深谷为陵来形容漫长岁月的世事变幻与人生无常，哪知现在只要数月时间，曾经熟悉的一切即能全然换了面貌。这是新时代的速度与力量。以后在宽敞明亮的教学楼上课的师生，是否能遥想起千百年前的这一空间里面，有一群人正用肃穆的仪式送亲人最后一程。宇宙浩瀚，时间无穷，恐怕所有人都曾深感自己或人类渺小而短暂的生命如沧海一粟。但是，即便踏雪的飞鸿久已远去，依然有着偶然的指爪留于雪中，使人凭吊怀念，不至于令当下的我们“念天地之悠悠，独怆然而涕下”。探寻过往的那段时光，让已逝去的历史重返人间，既是对漫长文明的重新理解，更是对当下生活的别样期待。

鏖战大茶山

李 奎 贵州省文物考古研究所

贵州医科大学新校区建设项目考古发掘工作始于2022年初展开的考古调查、勘探工作，在经历了5个多月的前期调查、勘探后，发现了620座墓葬。一个地方就发现这么多墓葬，在贵州调查、勘探史上尚是首次。因医科大新校区要在2023年下半年启用，所以留给考古和建设的时间都不多。

2022年7月12日，我和史忞刚完成长江流域地下文物资源调查（德江县）返回贵阳，第二天正常到单位上班，临近中午突然接到通知：下午马上赶到医科大学工地，启动考古发掘工作。我第一反应是蒙了。就这样，13日下午，大家轻装上阵赶到了医科大工地。

因为医科大学考古任务重、时间紧，所以由贵州省文物考古研究所牵头，联合北京大学、四川大学、中山大学共同组成了联合考古队，另外，贵州考古所还向全省拥有考古专业人员的单位借调，如毕节市博物馆、黔西南州博物馆及文保中心等，以确保考古工作的顺利完成。整支考古队伍仅考古队员最多时就有50多人，加上其他后勤保障人员、民工等，参与医科大考古的人数接近400人，数量庞大。

在本次考古发掘中，采取了多种措施来确保质量。一是严格按照《田野考古工作规程》科学、详细地记录、提取考古资料，建立统一的测量坐标系，严格规范、检查发掘过程中的记录，利用RTK、无人机、三维扫描等新技术、新设备全面搜集考古资料，墓葬中的填土必须筛选、淘洗，确保无遗漏。二是加强文物保护工作，发掘前做好各种预案并落到实处。发掘工地现场采用多角度安装监控和保卫人员24小时不间断巡逻，确保工地安全。对于形制特殊、重要的墓葬，发

联合考古队夜间工作

掘结束后整体提取，以备后续展示利用；针对保存非常差的出土遗物，现场加固后整体提取。漆器联系了国内专业的漆器保护机构荆州博物馆负责，铜器、铁器、玻璃珠饰利用发掘团队中各大高校的专业实验室进行修复及分析检测，完全践行边发掘、边保护、边研究的原则。同时，随着发掘墓葬和出土器物数量的增加，我们开始考虑整个墓地的保护工作，积极向项目方、上级单位游说修建遗址博物馆，在做到保护的同时，也可以展示、利用，做到文旅融合，促进当地经济发展。三是请武汉大学作为本次发掘工作的监理单位，保证整个发掘工作高效率、高质量展开。

医科大考古发掘工作开始于 2022 年 7 月，结束于 2023 年 1 月，实际发掘时间 4 个多月（其间因疫情停了 1 个月），总计清理墓葬约 2 192 座。高质量、高效率完成了本次考古发掘工作，为医科大校区建设抢来了时间，圆满完成了上级安排的任务。

大茶山墓地 M8（唐）

以医科大建设方提供的建设工程地点为本次考古发掘基点，正南北建立笛卡尔直角坐标系。经统一安排，北京大学负责第一象限，四川大学负责第二象限，贵州省文物考古研究所负责第三象限，中山大学负责第四象限，各单位同步进行考古发掘。

整个医科大考古工作，从发掘工作特点和墓葬时代、分布特点可划分为前、后两个阶段。

第一阶段：2022 年 7 月至 10 月，这一阶段各发掘单位主要负责各自已划分的象限区域，发掘范围遍布整个医科大考古工地。墓葬特点上，这一阶段清理的墓葬年代基本在魏晋南朝至隋唐时期，墓葬分布较为分散，基本为几座一组，依山势修建，无固定朝向，可能为夫妻或小家族墓葬。单个墓葬形制为长方形券顶石室墓，整体偏狭长。修筑墓室所用石材为未经修整的薄石片，整体造型仿南京等地的小砖墓，多数墓葬也有排水沟。墓葬盗扰严重，出土器物较少，典型器物有瓷钵、双系或四系瓷罐、陶罐、铜釜、铁鐎斗、铁三（四）脚架、金花片、银钗、玉石串珠等。

第二阶段：2022 年 11 月至 2023 年 1 月，这一阶段各发掘单位完成自己象限内的任务后，集中到第三象限的坟坝顶墓地发掘。坟坝顶墓地从调查勘探之初就发现大量墓葬，在之后的正式发掘中，揭露了远超勘探出的墓葬数量。该处墓地整体年代为宋明时期，主要集中在明代，墓葬分布密集，朝向基本一致，可能为一处经过规划的公共墓地。墓葬形制有石室墓和土坑墓两类，石室墓少见券顶墓，多为石板覆盖或叠涩顶，墓葬修建所用石材大小不一，整体较散乱。该墓地出土器物众多，典型器物有酱釉瓷罐、白瓷罐、陶釜、铜发钗、铜饰品、漆器、银发簪、银梳背、玻璃串珠饰品等。

本次医科大学联合考古发掘，有多位非常专业的老师参与，我从各位老师身上学到非常多，尤其是我本科实习的带队老师——川大白彬教授。我本科是由白老师带队在成都新津宝墩遗址实习，白老师就是我考古路上的启蒙老师。

在实习未出发时，就听说白老师治学严谨，对学生要求比较高。在考古工地上，从区分土质、土色到划分地层，从判断遗迹现场到写每天的发掘日记及发掘记录，白老师是手把手指导；同时，他也要求我们学会使用 RTK、全站仪等设备。在生活上，白老师很关心学生，安排的伙食极好，也会为同学们过集体生日。我

坟坝顶 M254（明）

们这届实习也是白老师最后一次带队，很感谢白老师的教导，让我们从田野考古实习中收获颇丰。这次医科大考古发掘，看着白老师手把手教导学弟学妹们，感触颇多。白老师是最早跟我们同步进场的，其间除了返校上课，他基本都在医科大工地指导学生，再次和白老师一起工作，也让我再一次领略到了白老师严谨的治学之风。

这次与白老师一起工作，作为贵州省文物考古研究所一员的我身份略有转变。因为前期我基本上负责的是整个工地的 RTK 测绘，所以各家单位的考古工地我比较熟悉。这期间也多次与白老师交流一些发掘中遇到的问题，白老师也总是能从简单的现象中发现问题，并在互相印证后与大家共享。这进一步保证了发掘的质量，也发挥了本次多家单位联合考古的最大优势。整个考古工地中，白老师的工作效率也是第一的，很幸运毕业多年后能再次跟着白老师学习。

在经历 4 个多月的奋战后，医科大考古发掘工作顺利结束。这 4 个月中，我们感受到了云贵高原 7、8 月份太阳的炙热和暴风雨的猛烈，也体会到了关一个月小黑屋的抗疫的艰难深刻和无一幸免“阳了”之后的全身酸痛、嗓子“吞刀片”，以及贵州冬天的“魔法”攻击（与此同时，本人在另一考古工地和大家“共勉”）。也学习了很多新的知识，提升了专业能力，收获了一些美好的回忆。最令人激动的是，在经历了多轮评审后，本次贵州医科大学考古发掘项目，即贵安新区大松山墓群，入选“2022 年度全国十大考古新发现”，这是对所有发掘者最大的肯定。现在，各发掘单位仍然驻守考古工地，进行后续的文物修复及资料整理工作，尽快进行考古成果转化，让考古界同仁共享这一考古成果。同时，大松山遗址博物馆和标本库房的建设也在稳步推进，以期更好地保护和展示利用。

在过去与现在之间穿行

张锦华　　黔西南州民族文化中心

最早接到要去贵安新区贵州医科大学新校区一期建设项目参加考古发掘的通知是在 2022 年 4 月份，当时只听说工地正在开展前期准备工作，没有收到具体的到位时间。后面的两个多月时间里，也没有收到什么消息，还以为这件事情就这么石沉大海。协助参与考古发掘的函件是 7 月份发来的，跟领导汇报后，想到我所学习的就是考古学专业，尽管办公室工作繁多，领导们还是决定派我参加此次发掘，认为这是一次很好的实践机会。等我忙完职称申报的事情去到工地，先遣部队刚好完成清表工作开始发掘。根据函件，本以为考古发掘工作会在 11 月之前结束，当时根本没有想到，随着一遍又一遍刮面，一片规模如此巨大的墓地会展现在我们眼前，也没有想到仅仅用了半年时间我们就将它成功“攻克”。

考古工地位于马场镇东南，在围绕大松山水库的几个小地点都发现有墓葬，合称为大松山墓群，年代早到两晋至隋唐时期，下至宋元明时期，持续近 1 400 年，是西南地区规模最大的墓地。我所参与发掘的这一片墓葬分布在 X001 县道两侧，墓葬分布最为密集，年代以明代为主。听当地村民讲，老一辈人就讲这个坝坝有坟。他们把地势高一点的地方叫作坟坝顶，低一点的地方就叫坟坝脚。

我所负责的第一个墓葬是土圹石室墓 M31。两位民工阿姨清理表层填土的时候我就坐在旁边晒太阳，看填土中有没有陶片、瓷片或者其他东西。听他们讲今年马场的天气特别热，竟然有 30 度。想到在自己的家乡山东，那种夏季高温逼近 40 度的地方，如果天气预报只有 30 度，大家都会感叹终于凉快一些。又想到大学时代 7 月去河北石家庄实习，在 40 度的田野里顶着太阳晒，和那里相比，贵州的 30 度简直是小巫见大巫。或许，在考古人眼中，夏天在这里参加考古发掘，可以称得上是一件幸运的事情吧。

M31 这种土圹石室墓的建造方式是先在地上挖一个土坑作为墓圹，之后用石块垒砌出四壁作为墓室，为了方便操作，此时会在土坑四壁和石室四壁之间留有一段距离，当棺木和随葬品被置入墓室后，再用土将墓圹和墓室回填。通过刮面，我们可以在石室四周画出墓圹的大致范围，在对墓葬表层填土进行清理后，需要借用工具寻找更明确的原始墓圹，这就是俗称的“找边”。因为墓葬中心土是回填的，质地相对松软，而原始墓圹没有经过人为扰乱，土质相对致密，所以当发掘至原始墓边时，填土会自动成块脱落。对于一个有强迫症的人来讲，找边可以称得上是一种享受。看到填土大块脱落，原始墓圹暴露，想到填土可以通过这种方式为我们提供古人建墓时的信息，感觉非常奇妙；再看到墓圹形制相对规整，想到古人在建墓时应该也是经过规划的，又感觉与他们的距离并没有那么遥远。

M31 最先被发现的器物是一件瓷器，位于墓室东部，是一件保存完整、釉色很好的青瓷罐，之后又在墓室其余几个角落发现了酱釉瓷罐、青白瓷罐和夹砂陶釜，对我而言这简直是大收获。此前我参与的考古发掘项目年代基本为商周时期，所负责的探方中只出土了零星陶片，墓葬中也只发现过石玦，看到其他同行收获

坟坝顶 M31

满满，心中只有羡慕，连一起工作的民工都打趣我运气太差。所以，在坟坝顶，我接手的第一个墓葬就出土了这么几件完整器物，我很是兴奋，也在心中感慨，难道贵州真的是我的福地？在清理完这几件器物，发掘至墓底时，我们又在墓室中部发现了一件长条形铜器，在将其清理完成后，发现它竟然是一枚长度近 30 厘米的铜发钗。这可是这一片范围内出土的第一件铜发钗，根据发钗通常是女性饰品的传统认知，它的出土，一下子激发了大家对墓主人性别的猜想。等到后期，随着发掘墓葬数量的增多，我们发现，这种形制的铜发钗，可以算得上是当地的一种典型器物。除了铜发钗，我们还在 M31 墓底发现了两枚钱币，钱文“万历通宝”，一下就为墓葬年代的判断提供了依据。

坟坝顶 M31 出土的明万历青白瓷罐

M31 发掘完毕、做好记录后，我陆续接手了 M32、M33，之后又沿着已经编好的墓葬顺序挨个发掘，从一次只负责一座墓葬，到同时发掘两座。常常是这个墓刚刚找到墓圹，又要去找另一个；在一个墓清理完器物，另一个墓的器物又显露出来。那些日子，我基本是从一个墓坑中出来，又转身跳进另一个。铜手镯、铜戒指、铜铃、料珠、钱币、铁剪、铁锥、银梳背……越来越多的器物种类展现在大家眼前，将完整器物折断或打掉一部分埋葬，这些特殊的习俗也被更多地关注到。因为每天都有收获，每天都像在开盲盒，充满惊喜，虽然身体疲惫，心里却充实满足。

除了发掘器物，清理人骨也是一项精细工作，保存状况较好的人骨可以为我们提供墓主性别、年龄等关键信息。但是，受到多方面因素影响，相对完整的人骨是可遇不可求的，所以，发现这样的人骨并将其清理出来，我认为是很有成就感的事情。在半年的时间里，我负责的墓葬中出土的人骨，有的牙齿还整齐地保存在颌骨上，有的甚至还可以看到未能完全萌出的智齿，有的肢骨粗壮。最完整的一具，其头骨、肋骨、上下肢骨都留在原处，尤其是头骨上的眼眶、鼻骨、牙齿，完整得仿佛是体质人类学的教学模具。与我一起发掘这座墓的民工，一位是中年大叔，一位是年轻小伙子，清理人骨那天小伙子请假了，大叔去附近田地里找来两颗小西红柿，用黑色水性笔画上圆圈表示眼球，放在眼眶处，又用编织袋把头骨盖上。等到第二天小伙子来上班时，大叔故意喊小伙子去揭开袋子，把小伙子吓一跳！大叔还骗他说发掘出来就是这样的，吓得小伙子清理墓葬其他部位时，一直用编织袋蒙着头骨，说不然总感觉有眼睛在盯着他。

太阳东升西落，发掘工作日复一日，暑夏走到寒冬，墓群逐渐显露。在半年的时间里，在省考古所胡昌国、韩东、韩建军等老师的帮助和指导下，我与几位民工搭档发掘了近 90 座墓葬，从刚开始摸不准当地的埋葬习俗到后期逐渐掌握何种随葬品常常出土于何种位置，发掘技术有所提高。那段日子，虽然每天都“灰头土脸”，手晒得像乌鸡爪，但作息规律，按时起床上工，下工后整理发掘笔记，看喜欢的《武林外传》，十点半倒头就睡，生活简单循环，内心充实平静。在每

坟坝顶墓区发掘现场

天的发掘工作中，我喜欢听与我一起发掘的民工叔叔、阿姨讲一些家长里短的事情，充满朴实自然的烟火气：你家地萝卜今年长势如何，收了多少斤，卖了多少钱；哪家的地要被征收了；谁家要娶媳妇了，要去帮忙准备酒席；我昨天打麻将一把翻了好多鸡（贵州麻将的玩法），谁又打输了……发掘工作很辛苦，但伴随着拌嘴打趣，日子也就一天天地过去。作为一个在城市长大生活的孩子，很少有机会与农村的叔叔、阿姨有这么多接触，对他们也不够了解，接触后才发现，他们勤劳，大家家里基本是被征地赔了钱没有生活压力的，来工地上班只是因为闲不住，就想出来找个活干；他们不怕吃苦，嘴上虽然说着天气太热，手里的工作却不停，让他们劳逸结合休息一下，却也不长久闲着，会觉得不好意思。

遇到下雨工地也会停工，如果刚好碰到采购食材，我们也会一同前往。在吃饭这件事情上，省考古所可以说是毫不吝啬，都是尽量安排得更好，除了日常炒菜，有时还会给大家调节一下，煮个火锅，包顿饺子。采购的时候也很照顾大家的想法，在市场遇到喜欢吃的食物，“管家”韩东老师都是让我们直接拿，每次买的东西都要塞满一辆汉兰达的后备箱。所以摊位主人看到韩老师，就知道“老板”又来采购了，都想把自家种的新鲜蔬菜推销给他。胡昌国老师讲，发掘工作本来就很辛苦了，一定要让大家吃好，甚至开玩笑说如果哪个没有在这里胖上几斤就不要回去了。

在这样的忙碌、辛苦、充实、有趣中，半年的时间很快就过去了。临别之时，我对坟坝顶充满不舍，不舍这里单纯的人、单纯的生活。一段一段的考古工地经历就像一次一次旅程，从城市中来，开始会不适应农村生活，渐渐融入，与那个地方产生联系，又难以从其中抽离。

2023 年 3 月，贵安新区大松山墓群入选“2022 年度全国十大考古新发现”。得知消息的一刻，我为贵州考古事业取得这样的成绩感到骄傲，更为自己能够参与这个项目感到自豪，因为，这个奖项对我而言，不再是以往看到的关于“十大”的一个标题、一段文字，而是一次经历、一段故事。讲到田野考古，没有深入了解过的人会充满好奇，以为是像电影、小说里那般刺激，大家会关心有没有挖到什么宝贝，有没有碰到什么稀奇的事，而只有经历过的人才知道，这是一项面朝黄土背朝天的工作，是充斥着汗水、关于情怀的事业。

考古的“学”与“教”

杨　磊　　贵州省文物考古研究所

2022 年 12 月 15 日，在完成了赤水地区某基建的文物考古调查后，我被调去贵安新区的大松山墓群帮忙发掘。

刚去大松山墓群参加发掘还是很激动的，因为真的“好多人啊”！在我们贵州干田野一线的，经常是两人一组做调查和发掘工作，一下子来到一个有四所高校助力、几百号人工作的大工地，在我进贵州考古所的近十年间也仅此一次，激动的心情不言而喻。

上工第一天，工地同事胡老师和韩东先带我参观了库房和工地，熟悉下文物特点和遗址环境。看着从 7 月开始就陆续出土的各类文物，很是羡慕，遗憾没能早点来和同事们一起战斗，又高兴还能赶上个尾巴参与。大松山主体范围内墓葬虽然已经基本发掘完毕，但是其中数量最多的坟坝顶区域的墓葬群还需要攻坚，而且绝大部分墓葬已经在同事韩东、韩建军（下文分别简称东哥、军哥）等常驻工作人员的努力下通过刮面找出来，并用白色喷漆画出了轮廓。打眼一看，密密麻麻的，少说也有 1 000 座墓葬。工地现场是一片热闹的发掘景象：北边是川大白彬老师亲自带着几十个学生在攻坚面积最大最复杂的区域，东边坡顶范围由中山大学和我们单位史忞负责，中心半坡区域是东哥带着毋静帆、王静寂、张锦华在做清理，南边由北大负责，我要负责的区域则刚好在他们下面的坡脚位置，而刚赶来的同事董州和韩文华则将要负责坟坝顶的西南角。

看着这发掘盛况，耳边听着东哥介绍说要在春节前完成坟坝顶墓群的发掘。我猛然一惊，春节在 1 月 22 日，这已经 12 月了，要赶在春节前将剩下的大部分墓葬清理出来！“这……咋挖啊？！”我问东哥和胡老师，他们说第二天有贵州

我带队时坟坝顶墓区密集分布的墓葬

民族大学的学生来帮忙，过两天同事许国军也会赶来支援，和我一起带这群学生。我一听稍稍松口气，呵呵一笑说没问题，毕竟都带过好几拨实习学生的，几个学生还是好带的。

第二天到了工地后发现我天真了，原先预想的几个学生变成了 11 个学生，他们分别是李晴晴、张文方、周英琪、田光猛、王吉才、严再雨、吴彩莉、王健、陈美娜、李想、禹贵强，都可以组支足球队了。这支“足球队”里的大多数同学之前完全没有实习经验，所以要从“识土→找边→发掘→拍照→绘图→建模”这些步骤一步步来教。不过好在东哥他们提前把墓葬范围标记清楚了，我只要带学生们明白一些基础的入门知识就行了。而且同学们大多认真好学，工地上肆虐的寒风和极低气温也没有阻挡他们学习的热情，带学生的第一天就让我收获了一万多的步数和沙哑的嗓子。

我们负责的发掘区位于坟坝顶的地势较低的区域，算下来也就两百平方米左右。这片区域大部分都是土坑墓，只有极少数的石室墓。按理来说我们前期清理工作只要根据已经画出的白色轮廓的指示向下发掘就行，但是复杂的地方在于，这些墓葬的打破关系特别复杂，甚至有的是十几座墓中三三两两之间有打破关

同学在学习使用无人机

系，像一串鞭炮一样。清理的时候必须要搞清楚他们的打破关系，而且谁挖了其中一个，为了记录资料的方便必然得将剩下的墓全都发掘。刚下工地的学生必然应对不了如此复杂的情况。只能等学生们出了“新手村”再带他们来打这个“大BOSS”，一开始只能先带新手们挑单个简单的小墓清理，攒攒经验和能力值。刚开始这样给同学们介绍听起来很像打怪升级一样，这种类似游戏的挑战感让同学们一个一个都摩拳擦掌的，特别是几个男同学，都挑了面积大的墓葬，想着肯定有陪葬品，可以快点出“新手村”。女孩子们相对就比较矜持，挑的也是秀气点的小墓。结果是一开始男生们挑的大号的墓没发现陪葬品，而两个文静的女生挑的小墓反而有了发现，男生们就哀叹手气差。这样的状态持续两天后就有了改观，因为有陪葬品的墓要更细致地清理，进展缓慢；没有陪葬品的墓葬反而很快进入了绘图、拍照阶段。清理完毕后，又选了新墓进行发掘清理，每个人都挖到了有陪葬品的墓。

随着发掘工作的推进，遇到的问题也越来越多，仅是给学生们指导前期清理工作就已经分身乏术。好在离东哥负责的片区近，看见旁边片区小毋、小张、小王忙碌的身影，便厚着脸皮把他们拉来帮我指导学生们拍照建模工作。在此真要感谢三个女孩子的帮助，忙自己工作的同时还来帮我带学生。

在我们这片区域发掘工作热火朝天地进行了几天后，请假的民工开始增多，听说是感染了新冠。仔细一观察发现，北边川大区域人数也减少了好多，原先几十个学生减少到了只有几个。后来才知道川大片区因为新冠已经倒了一拨人了，只不过我在忙着带学生没注意到，民工也有好多因感染请假。而我们两拨工作人员的距离只有五十米，只能叮嘱大家都戴好口罩，注意保暖，别轻易中招。可现实还是很残酷，过了两天就陆续有学生感觉不舒服，开始发烧，请假休息。大家都说感染是迟早的事，可当时我的搭档还没来，哪敢倒下啊！抱着侥幸心理想，刚来时那两天的低温和刺骨的寒风都没撂倒我，说不定能无症状扛过呢。但是这种天真的想法也很快被现实打败。22 日开始感觉天气有点冷，想是不是气温下降了，可是看着旁边人的状态又不像。就问了几个同事和学生，除了小毋也说冷，其他人都说天气挺暖和，心想有点大事不妙。果然第二天晚上开始眼痛手酸，小毋也打电话给我说她也觉得不舒服。不过好在 22 日当天同事许国军和韩前进已经完成调查到了工地，我也能放心倒下了。24 日一早量了体温——38.1 度！就这样先高烧后低烧，折腾了一个星期，元旦都是卧病在工地的床上躺过的。澡也不敢洗，饭也是靠没倒下的学生和同事给我带，十分感谢他们。在我倒下的这段时间听说工地也倒下一片，在坚持的都是还没“阳”和“阳康”的同学、同事们。刚好赶来的搭档许国军和韩前进来之前就“阳”了，现已“阳康”，真是及时。等我完全恢复了回到工地都已经 1 月了，学生们陆续也开始回家了，我们负责片区的墓葬已经在国军和前进的带领下也完成了大部分，最后剩下的陈美娜、李想、王健、禹贵强 4 个学生留到 1 月中旬还在坚持，工作也越来越熟练，很快也把最初说最复杂的十一个存在打破现象的墓葬给清理完毕了。真是士别三日当刮目相待，为这些优秀的同学点赞。

考古工地“二三事”

毋静帆

黔西南州民族文化中心

还记得第一天来到大松山的时候，那是7月下旬，正赶上炎炎盛夏，工地开工已经有一周了，大家干得热火朝天。坟坝顶这片区域地表的耕土层已差不多清理完成，一块块探方中，经过层层揭露，文化层已经显现出来，主要以墓葬为主，石室墓尤为明显，且分布密集。

考古发掘是一项精细且须持续专注的工作，同时也是对体能的考验。例如清理墓葬的过程，需要工作人员长时间蹲在墓里面，利用手铲、毛刷、竹签子等各种工具，自上而下，逐层清理墓室内的填土。在清理到器物和人骨埋藏的土层时，无论是金属器、陶器还是人骨，经历过数百年的时光，质地十分脆弱，具有一定黏性的土壤附着在器物和人骨的表面，清理过程需要足够多的耐心和专注。大一点的墓葬还好，小型墓葬内部宽度常常不足1米，为了避免损伤到器物和人骨，能立得住脚就蹲在墓室里面清理，下不去脚的只能蹲在墓壁旁清理，持续时间常常是一整个上午或者下午。

我经手的这批墓葬中，感觉清理难度最大的要数玻璃料珠、陶器、人骨。玻璃料珠中最小的直径仅有2—3毫米，且经常是大量出现。在7月、8月、9月这三个月里，通常气温很高，长时间在太阳底下，人的视线会模糊，墓中的小料珠，偶尔会掺杂在清理出去的泥土里。这里就不得不提及发掘中的一道步骤——水洗，在清理包含器物和人骨的土层时，我们会将清理出去的土壤收集起来，装在统一型号的编织袋里，捆扎紧实，再在表面用记号笔书写墓葬编号和日期，集中堆放在固定位置，等泥土差不多干透，进行水洗，这个过程中会有小颗的料珠、细小的器物残片、不慎遗漏在土壤里的人骨或器物被洗出来，极大地减少发掘工作中

拍摄墓葬开口照

的损失。而陶器之所以清理难度较大，主要是因为其为夹砂粗陶，较之硬陶吸水性较强，长久埋藏在土壤里，质地变得十分脆弱，清理过程中容易碎裂，所以要十分地小心和耐心。想要完整地提取更是难上加难，但是办法总比困难多，将技工师傅调配好的加固剂按一定量喷洒在陶器表面，干燥之后陶器表面硬度会提高，提取工作会相对容易，每当完整地提取一件陶釜，都是最大程度上实现了对文物的保护。付出的努力，经历的艰辛，最终得到回报，这中间累积出来的成就感令人着迷。

除了清理工作带来的成就感，技能的提升同样让人入迷。考古发掘工作有着具体的工作流程，除了重要的清理工作，工作人员还需要具备绘图、记录、拍照、简单的器物修复等工作技能。2016 年在工地的时候，最怕的就是绘图，因为绘图工作对准确度要求高，需要大量的测量工作，通常一座土坑墓的绘图需要 1 ～ 2 小时，而石室墓绘图则需要 3 ～ 5 小时。而这次绘图利用 3D 建模技术，节约了大量的绘图时间。除此之外，还有对无人机设备的运用。2016 年在工地的时候已经出现无人机设备，但那时候由于无人机拍照的清晰度不够，仅用于发掘区域大面积拍照，单个发掘单元的拍摄仍然依靠相机来完成，拍摄角度常常会有倾斜；而在这次发掘中，提升了清晰度的无人机极大地方便了我们的拍

扫图工作中

摄工作。有赖于科技的巨大进步，传统的考古发掘引入技术手段，提高了发掘工作效率，缩短了器物和人骨暴露在外部的时间，让考古工作向着更加有利于文物保护的方向发展，而这也是每一个考古人喜闻乐见的事情。

考古工作需要大量野外作业，受天气影响大，要说苦，那是真的苦。不光要长时间忍受户外天气变化，下雨下雪等，而且通常是没有假期的，一天 8 小时的户外工作，短时间可能还好说，长时间的坚持则是对人毅力的考验了。而让人坚持下去的动力就是每天接触到的都是新事物。除了清理墓葬，还可以跟着技工师傅刮面找墓边，寻找墓葬与墓葬之间的打破关系。只要是你想学的，尽可以去学，比如说学习运用无人机，学习运用 3D 建模设备。起飞过程中常常一不小心就会剐蹭到上方的树枝或者电线，而考古所工地负责的老师对此只是云淡风轻一句："不怕不怕，放心大胆地来。"有了他的"背书"，大家都大胆地尝试。在 2016 年的时候曾经有心想学会操作无人机，但是胆子小没能学会，借用一部电视剧中的台词，"人终将要被年少不可得之物困扰一生"。虽然还达不到困扰一生的程度，但常感到有些遗憾，而这份遗憾在 2022 年的考古工地上被画上了圆满的句号。

在工地上会发现，考古工作者们似乎总能"苦中作乐"，再困难的环境总能说说笑笑地适应下来。工地刚开工那段时间，除了我们这些发掘人员和技工师傅，在当地村镇招了许多村民来配合我们工作。一些胆子小的刚开始在我们清理墓葬的时候，看到人骨就害怕得跳走开，常常会被我们调侃，但是等度过一段适应期后，他们胆子大了许多，后来甚至能跟着一起清理人骨，让人不禁感慨群体效应的强大。7 月至 11 月期间，很少下雨，偶尔下雨也是阵雨，或者是晚间下雨白天晴，有的技工师傅就起了个外号叫"老板雨"。甚至会有技工师傅戏谑提议，要不要杀只鸡祭拜一下老天，下场大雨好休息一天，然后大家你一句我一句地讨论祭拜的流程。然而对于一群“无神论者”来说，最后的讨论结果自然是不了了之，只是这过程实在令人忍俊不禁。

大松山工地以墓葬为主，大量发掘工作也都是在清理墓葬。我工作的区域在坟坝顶，以宋明时期墓葬为主，其中尤以明代墓葬居多。发掘工作初期，总以为墓葬面积越大越完整，墓葬的规格和墓主的身份就会越高，然而等到清理工作开始后，就进入了“打脸”环节。经常会出现面积相对较大，石盖板、墓壁保存都完好的石室墓中，随葬品规格反而不如小型土坑墓随葬品规格高的情况。最初以为只是个例，但当发掘工作继续下去后，才发现有多个墓葬都是如此，我们也只有无奈墓主人“不走寻常路”，在分到小型土坑墓的时候会念叨“小墓出奇迹”。不过说来说去，墓主人是女性的话，随葬品类型普遍会丰富一些，尤其是银、铜、玻璃等饰品，出土种类较为丰富，说明古往今来爱美确实是女性的天性。

使用 B72 加固出土陶器

大松山墓群一共 2 000 余座墓葬，时代从两晋时期至明代，这中间相隔千年时光。墓主人生前的信息，我们也仅能通过墓葬规格和随葬品了解到一星半点。时代越是靠前，人骨保存越差，研究难度越大，若是没有带文字的随葬品出土，墓主人的生平事迹更是无从探知。漫漫历史长河中，能够留下姓名的仅仅只是凤毛麟角，即使凤毛麟角多数也是“千秋万岁名，寂寞身后事”。然而死亡又伴随着新生，联系这两者间的纽带是传承，而传承的载体既有一个个书写的文字，也有一件件出土的器物。这应该就是考古的意义：连接过去，走向未来。

激动人心的元青花瓷

胡昌国

贵州省文物考古研究所

青花瓷是我国流行于明清时期的一种主流瓷器，它是使用钴料描绘的釉下彩瓷，肇始于唐代，经宋元，大成于明清。在大松山墓群的发掘过程中，也出土了不少的青花瓷碗，除少量景德镇产的青花瓷外，大多胎色发灰，应该是本地的瓷窑生产。但是我们在墓群周边的调查过程中，并没有发现相应的瓷窑。

2022 年 12 月 11 日的下午，在做完每天的发掘日记后，无所事事的我照旧在工地上晃来晃去，了解每座墓葬的发掘进度。当来到川大发掘区看看他们发掘出土的文物，洗涤一下心灵时，凤武开心地把我带到了 M1114 的旁边。它位于当地村民房屋的北侧，水泥房基打破东侧接近底部，仅仅再深入 2 厘米，就会破坏它下面的那件青花盘。而作为大松山墓群出土的第一件青花盘，我们在慨叹它的好运之时，确定它的年代也是首要的事。幸运的是，在墓中还出土有一枚分成两半的钱币存在，通过它可以比较准确地确定墓葬的年代。看钱币大小应该是折十钱，估计是崇宁重宝或者崇宁通宝，如果真是它们，宋青花是不太可能的，墓葬的年代可能就是明代了。

坟坝顶出土的大中通宝折十钱

最终确认钱币是一枚大中通宝折十钱，是明朝洪武皇帝朱元璋在南京称吴王的时候铸行的钱币，时间在元至正二十一年(1361)至至正二十八年(1368)。和龙凤、天佑等一样，为元末起义军钱币。从这枚钱币判断，这件青花盘的年代应

坟坝顶青花劝盘劝盏出土

青花福字劝盘

青花寿字劝盏

该是元末或者明初，它的重要性大大增加。当天晚上，便将它送入大松山墓群发掘临时库房。第二天我才知道，在它的下面还出土了一件青花杯。

这两件青花应为一套，它的学名为劝盘和劝盏，产自江西景德镇。其中，青花福字劝盘，口径 14.3 厘米、高 1.8 厘米。釉面光亮，内底有多处铁锈斑，内外底均有粘砂痕。圆唇，斜折沿，浅曲腹，平底，底部内凹一周。内壁沿面处饰几何形锦地纹一周，内壁与器底交接处饰双圈弦纹，内底有一周凸棱，外饰一周弦纹，凸棱内环绕绘制卷云纹，内底正中有一行书“福”字，青花发黑灰色，略有晕散。青花寿字劝盏，口径 7.7 厘米、足径 4.5 厘米、高 3.1 厘米。白釉微泛青，内壁满釉，口沿一周涩胎无釉，外壁施釉不及底。敞口，圆唇，曲腹，饼足，内底微凸，外底平。外壁处附一把手，把手作卷云状。青花装饰，外壁口沿下饰一周弦纹，外腹部饰一周卷草纹饰带，内壁腹部饰一周几何形锦地纹，内底饰一周弦纹，内底心有一行书“寿”字，青花呈浅蓝色，略有晕散。

劝盘和劝盏应该是宋代出现的一类酒具，在宋人的诗词中多有出现。如王之道的《减字木兰花》：“笑中声远，走向曲房花数畔。拥在尊前，顿觉春温却夜寒。愿酬心满，只得教伊频劝盏。缓唱何妨，贴体衫儿扑扑香。”又如赵师律的《济天乐》：“重阳还尽秋光好，银屏翠箔凉透。凤髓炉温，鱼轩瑞应，天与冰壶清透。多文在手。更赖玉腰肢，唾花衫袖。旧约梅仙，为来人世作珍偶。　虚堂帘半卷，化工何限意，妆点时昼。褭真香葵倾劝盏，都把芳心为寿。当歌对酒。愿绿发朱颜，镇长依旧。宝篆名高，已书千岁久。”

这两件青花瓷中的青花寿字劝盏在景德镇的元代窑址中出土较多，青花福字劝盘所用青料为苏麻离青，纹饰构图同元代青花瓷类似，而内外底粘砂的工艺水平下降，也同元末时红巾军攻占景德镇之后，熟练的制瓷工匠多逃走，造成景德镇制瓷技术下降的史实相符。故这两件青花瓷应该是元代青花瓷，是国内有准确纪年墓葬中出土的，较为珍贵。

流光溢彩

胡昌国

贵州省文物考古研究所

中国古代早在春秋时期就有玻璃生产了，在贵州墓葬中出土的玻璃制品不在少数，如赫章可乐 M373 出土的蜻蜓眼就是玻璃制品，虽然因为时间久远已没有了玻璃光泽，但它还是属于玻璃。黔西的一些汉晋时期的墓葬中出土的料耳珰，或蓝色，或透明，也是玻璃制品。2004 年在开阳平寨岩洞葬中出土的料珠，它们也同样属于玻璃。可见在古代，玻璃制品也是我们生活中经常用到的东西，只是由于工艺或技术水平的限制，只能制作出较小的器物。

在大松山墓群发掘出土的器物中，除瓷釉保存极好的瓷器外，就属出土的珠子特别地能吸引我们的眼球。早先的发掘中，出土的珠子都很小，数量也不大，很多保存也不好，触之即粉，不怎么好看，也就没怎么关注它。2022 年 8 月川大发掘的坟坝顶 M356，彻底颠覆了我对珠子的看法。那是一座土坑墓，规模不大，仅存墓底，人骨完全腐朽了，但是在墓室的东侧还残存了一块棺木底部，在它的上面，出土了圆珠 4 件、椭圆珠 1 件、六棱珠 1 件、铜戒指 1 件、铜环 2 件、银

赫章可乐 M373 出土蜻蜓眼

黔西汉墓出土玻璃耳珰

平寨岩洞葬出土料珠

梳背1件、小串珠和串珠共48颗。观察这些随葬珠子，圆珠可能是玉的，六棱珠灯光照上去蓝莹莹的，不确定它是什么材质的，小串珠也绿绿的，看着很是漂亮。

也许是M356的发掘打开了珠子出土的大门吧！时隔不久，坟坝顶M57也出土了许多的珠饰，它是一座长方形石室墓，在墓室中部有棺木腐朽灰痕。出土人骨保存有部分头骨、牙齿、下肢骨及少许上臂骨，在棺木朽痕内出土铜发钗、串珠、铜铃、锡饰、铜饰、戒指、铜钱、铁器等器物，而珠子则出土于颈下及手骨附近，推测应该是手串或者项饰。除此之外，其他的墓葬也出土了较多的珠饰或者戒面，其中M17出土40颗晶莹透明的珠子，M100出土1枚嵌饰心形宝石戒指，M111出土3枚嵌饰蓝白色方块状宝石及2枚嵌饰有白色金蟾的戒指。当然，排名第一的还是川大发掘的M390，出土了各类珠子900多颗。

到10月初的时候，大松山墓群已经出土了相当数量的珠饰了，但对于它们的材质，我们还是不了解的。咨询白彬老师后，所里邀请川大的黎海超老师来大松山墓群发掘工地对出土的珠饰进行采样研究，鉴定它们的材质。很快，黎老师就带着刘芸伶和蒋沁芯两位同学来到了大松山考古发掘现场。对出土珠子的鉴定很快，因为在它们内部很容易就能观察到气泡的存在，而戒指的材质则一时无法确定。

2023年春，川大赵德云老师和李钰博士一同来到大松山墓群临时库房，他们对我们整理出的各类珠饰的材质再次进行鉴定，并对它们的制作技术、产地等进行了分析，还把部分戒指带回川大进行无损分析和研究。通过老师们的分析可知，大松山墓群不同时代的墓葬都大量地出土各类玻璃制品，有白色、咖啡色、黄色、蓝色、红色、绿色和无色透明等多种颜色，有圆形、桶形、纺锤形、花瓣形、弹簧形等多种形状。在南朝墓葬中，我们看到的有从东南亚或者印度洋传过来的桶形珠，也有本地生产的玻璃珠，它们同天然的玛瑙珠组合成五颜六色的挂饰。元明墓葬中有从西亚传过来的纺锤状的玻璃珠，山东淄博传过来的圆形玻璃珠，以及中国传统绞胎工艺生产的玻璃珠，还有少量雕成花瓣形状的琥珀，这些圆形、花瓣形状的玻璃珠，以及很多戒指上嵌饰着的玻璃戒面，历数百年依旧光亮如新。这些不同时期、不同来源的玻璃制品，从另外一个角度反映了贵安新区马场镇当时的对外贸易和商业交往状况。可以看出，作为黔中地区的腹心之地，汉晋唐宋之时由北向南的交通通道和元明清时由东向西的交通通道交会于该地。

玻璃珠在中国南北方使用上有着巨大的差异。在北方多为门帘类的存在，人们佩饰更喜欢天然的宝石；而在贵州这种多民族的省份，则多作为人体饰品存在。明嘉靖《贵州通志》卷之三“龙里卫·好平伐司”载：“花仡佬……妇人盘髻，

坟坝顶 M390 出土的玻璃珠饰

坟坝顶 M17 出土玻璃珠

坟坝顶 M100 出土铜嵌宝石（玻璃）戒指

贯以长簪……杂缀海吧、铜铃、青白绿珠为饰……男子椎髻，上插白鸡毛，白布短衣。男女以蜡画布衣，首饰海吧、青白小珠。”大松山墓群出土的珠子多在墓主头部、颈部、胸前及两侧小臂处，这也说明它们的作用应该是装饰类的存在。

比较有意思的是，在南朝时期的墓葬中，我们能够看到有一些圆形或六棱形玛瑙珠同玻璃珠伴出，而在之后的隋唐至明清墓葬中，珠子中则基本没有天然宝石的存在。这种现象，也值得我们去深思。

回想起大松山墓群的逝者们，其实无论同我们相隔了多长时间，但人类爱美的天性都不曾改变。也许我们穿越到那个时代，在不远处的古城中漫步时，会迎面走来一群头戴银梳背、铜发簪，身穿五彩蜡染衣物，佩饰五颜六色珠饰的女子。

失落与惊喜

胡昌国 贵州省文物考古研究所

在对墓葬进行钻探的时候，我们就探究过墓群的年代，但因为没有能够对墓葬进行试掘，不知道它们的绝对时代，只能根据 20 世纪 60 年代和 2014 年这两次发掘的成果，通过发掘的墓葬形制，大致推测这批墓葬为两晋南朝到明代的墓葬。相对于两晋南朝至隋唐墓葬，我们对于明代墓葬的发掘，在贵州之前的考古中是非常多的，可惜收获却是寥寥无几。如 2006 年至 2007 年，我曾经参与过的对沿河自治县的洪渡镇和德江县的潮砥镇、通井乡及黔西县的甘棠镇进行的一系列发掘中，清理了数十座的明代墓葬，收获仅仅是五个青花碗。其他时候在贵州的清理发掘中，遇到最多的也就是明清墓葬了，但除一些土司墓葬外，明代墓葬少有收获。所以明代墓葬给我们的印象是，出土器物很贫乏。所以，所里对于这次发掘收获的希望就放在了南朝隋唐和宋元墓葬上，觉得那才是有可能出土大量随葬器物的墓葬。

川大白彬老师发掘的小团山墓群，是我们医科大学项目最先发掘的墓地，给我们医科大发掘队伍开了一个好头。那里首先出土了一批南朝至隋唐的墓葬，发掘出土了珠饰、交股铁剪等文物，似乎数目众多的南朝墓葬密密麻麻地向着考古发掘现场涌来。紧接着北大的方笑天老师在马坡、中大的张勇老师在发掘区的南侧也清理出一大批早期墓葬，收获了诸如青瓷钵、青瓷四系罐、青铜釜鍪等一些两晋至隋唐时期的文物，对于我们确定这批墓葬的年代尤为重要。通过这些墓葬，基本确定了马场区域南朝、隋唐墓葬形制，为我们以后在其他区域发掘提供了参考资料。

于是，考古所在靠近大松山水库的黄山井、大茶山、西瓜地、大松山等地开

小团山 M1 出土串珠

展了一系列的发掘，也收获了诸如铁鐎斗、太货六铢、金花片、金挂饰等精美文物。但随着大量该时期墓葬的揭露，我们看到，几乎每座墓葬上面都有大大的盗洞，它们在带给我们压抑的同时，也在诉说着盗墓者的猖獗。黄山井区域沿着山丘的中下部分布着二十余座南朝墓葬，那修长至五米左右的身姿带着或偏向左、或偏向右的长长的排水沟，展现着魏晋的风流。大松山南侧围墙外那近二十座位于一、二层阶地上的唐代墓葬，也似乎在无声地诉说大唐帝国的风华……可惜这些美景伴着仅仅一件陶釜的收获跃出我们的脑海，这些相对贫乏的考古出土文物远远达不到发掘初期的预期。

面对着其他发掘区域的风风火火，坟坝顶墓区依旧在有条不紊地进行着刮面工作。每个探方（10 米 ×10 米）中十余座墓葬的发现及整个区域已发现和暴露出的两百余座墓葬，也提醒我们应该尽快开始墓葬的清理工作了，而其他墓区得到的大量墓葬被盗掘的消息也为我们罩上了一层阴霾，总担心这处墓地能否逃过盗墓者的洗劫。但无论如何，这些墓葬的清理迫在眉睫。

2022 年 8 月初，坟坝顶墓区开始了墓葬清理工作。从最开始的 M2 出土的青花瓷碗和青瓷瓶的组合，到 M6 的上方被破坏的后龛中出土的漆盘，越来越多的漆器等器物的出土似乎讲述着这一墓地随葬器物的不同。

紧接着就是对这一墓群断代的问题。早先刮面的时候，通过偶尔发现的青白瓷器判断它们的年代很有可能是宋，而锦华发掘的 M31 给出了确切的答案，那是一座长 2.40 米、宽 0.62 米、高 0.58—0.81 米的石室墓，在墓室东壁上有一长方形小龛，壁龛中空空如也，墓室内的随葬品共七件，东北角、西北角、东南角、西南角分别出土青瓷罐、夹砂陶釜、酱釉瓷罐和青白瓷罐各一件，其中，青白瓷罐釉色完好，非常漂亮。不过在墓室中部还出土铜发钗一件、“万历通宝”钱币两枚，说明它应该是一座上限为明万历时期的墓葬。这刷新了我们的年代认知。

坟坝顶墓群的大量墓葬可能是明代的事实让考古队员们一时比较颓废，但随后静寂同学清理的 M69，彻底改变了我们的想法。那是一座长方形单室石室墓，墓室长 2.70 米，宽 0.62 米，高 0.56—0.72 米。墓内出土人类残存头骨、牙齿、部分上肢骨、左右股骨及胫骨。在墓室的前后部分别放置着炊煮器和存储器，墓主人的头部插着长长的青铜发簪，上面佩

张家坟出土青瓷四系罐

饰着银包边的木梳，头部周边和发髻旁装饰着众多的玻璃珠，左臂处饰有锡饰片，双手曲向腹部，两手各有手镯和戒指一枚，大腿处放置着一把铁剪刀和两把铁锥。整个墓葬把一个明代少数民族女性的形象完全地展现了出来。这座墓葬让我们认识到，我们正在发掘的这个墓群可能是一处没有被盗掘过的地方族群墓地，虽然时间可能较晚，但对于贵州考古研究依然有着重要价值。

我们是不幸的，在两晋南朝和隋唐墓葬的发掘中遭遇到极大的恶意，没有能够达成预期的目标；我们又是幸运的，在坟坝顶墓区发现的两千余座墓葬中，没有发现一处盗洞。290天的发掘，这批墓葬涵盖了南朝、隋唐、宋元、明清各个时段，它们经历了郡县制、羁縻制和改土归流，给我们留下了珍贵的文化遗产，展现了西南少数民族历史生活的画卷。

生同室，死同穴

胡昌国 贵州省文物考古研究所

唐代白居易的《赠内》开篇“生为同室亲，死为同穴尘”，体现了夫妻生则同室、死应同穴的丧葬观念。在黔北，明清时期多见多室石板墓，三五七不等，最多为十室，应该就是“夫妻同穴而葬”葬俗的体现。一些等级较高的墓葬，如遵义的杨粲墓，在墓室南北壁各有一龛，男室龛后壁为“童子启门”，女室则为“童女启门”，表现了古人夫妻合葬的丧葬礼俗和朴素的灵魂观念。

大松山墓群发掘了两千多座墓葬，在这些墓葬里，绝大多数都是单人单室墓葬，像遵义那种并排近十座墓室的墓葬绝无所见，最多就是双室的墓葬，也仅仅只有三例。因此，就有一个很尴尬的事情，无论是从墓葬的数量还是从墓葬的排列来说，都应该有一批同时期或略有早晚的夫妻或家族墓葬，我们却无从分辨。毕竟本次发掘仅仅出土四五百例人类遗骸，不能保证所有的人类遗骸都能够提取出有效的 DNA，即使部分 DNA 能够确定亲属关系，但夫妻关系则不一定，需要我们从墓葬排列、出土器物、DNA 数据等多个方面综合考量才能得出一些判断，而且不能够保证其完全准确。但在大松山庞大的墓群数量下，还是有一些比较特殊的墓葬，或许表明它们属于夫妻合葬墓葬。

坝坎边 M1，全长 3.28 米，由排水沟、墓室两部分组成，墓向 93°。其墓葬排水沟分布于墓室正中并由东壁底部穿出，向前延伸约 0.75 米后向南折转后继续延伸。沟底距东壁底部 0.24 米。排水沟清理总长度为 5.4 米，内宽约 0.3 米。墓内部分长 3.15 米，深 0.15 米。紧贴两壁以石板竖砌作为沟壁，顶部以石块作盖。墓室呈长方形，据残存形态判断，应为券顶。长 3.28 米，宽 2 米，残高 0.75 米。墓室底部残存少量牙齿、股骨和指骨，葬式不明。中部排水沟两侧可见两两相对的棺钉，推测墓室南壁南侧各摆放一具木棺，因此该墓为一同穴合葬墓。随葬品共7件，有陶罐1件、青瓷钵1件、银钗1枚、铜釜1件、带铁提梁铜盆1件、戒指1枚（尚在指骨上）、蓝色串珠1颗。

坟坝顶M1306，为长方形土坑竖穴双室石室墓，石室长约2.5米，内宽0.92米，残高0.9米。墓室是用独块立石垒砌而成，残存2层。分为两个墓室。M1306-1只在东北部出土铜钗1件，墓室内出土棺钉少许。M1306-2后壁龛尚存，其内出土残瓷杯1件，另在墓室内出土残瓷罐1件，棺钉数枚。M1306是两棺共用一个斜坡状墓道，上宽2米，下宽1.8米，残高0.8米。

坟坝顶M329应该是一座同M1306相似的长方形土坑竖穴双室石室墓，但其被破坏严重，仅剩石板底部，随葬器物和人骨均荡然无存。

除了上述的几处同穴合葬墓外，可能还存在几处夫妻异穴合葬墓。如张家坟M5，为东北西南向长方形土圹竖穴石室墓，墓的上部已破坏，现墓圹长3.7米，宽2米，深0.4—0.7米。墓向60° 。墓室长3米，宽1.5米，高0.24—0.44米。墓室内只发现铁棺钉若干。在其墓圹外发现一堵未经垒砌的石墙，向东南倾斜，长3.7米。石墙是先挖成土坑后随便摆放的石头，土坑长3.8米，宽0.35—0.45米。

M1306夫妻合葬墓

张家坟 M5（上）和 M6（下）的排水沟

张家坟 M6 同样为东北西南向长方形土圹竖穴石室墓，墓圹长 3.2 米，宽 1.4 米，深 0.45—0.7 米。墓向和 M5 一致。墓室长 2.7 米，宽 0.75—0.9 米，高 0.2—0.4 米。墓室东北角出土陶罐 1 件，东南角出土铜丝环 1 件，石室内还出土铁棺钉若干。在 M6 东南角外发现不规则的乱石墙，呈弧形向东延伸与 M5 的延伸墙相搭。

M5 与 M6 墓向一致，相邻近，且墓外石墙相连，断定为夫妻合葬墓。

黄山井 M18，为长方形竖穴石室墓，全长 2.98 米，因墓葬形制破坏严重，仅存墓室，墓向 60°。墓室东西残长 2.42—2.84 米，南北宽 0.67—0.68 米，残高 0.32—0.42 米。随葬品仅出土 4 件陶罐和 5 枚棺钉。

黄山井 M19，同样为长方形竖穴石室墓，仅残长 2.4 米，因墓葬形制破坏严重，仅存墓室，墓向 51°。墓室东西残长 0.7—2.2 米，南北宽 0.59—0.6 米，残高 0.16—0.5 米。仅墓室南部出土 2 件陶釜。

黄山井 M19 同黄山井 M18 位于同一封土下，应为夫妻异穴合葬墓。

谢家寨 M92，为长方形竖穴单室石室墓，墓向 223°。未见封土。墓圹呈长方形，长 2.8 米、宽 1.2 米。无墓道。墓室长 2.2 米，宽 0.6—0.7 米，深 0.45—0.5 米。该墓用数块较大石板平铺盖顶。未发现葬具。墓室人骨仅见头骨、盆骨、四肢骨。

谢家寨 M92（上）、M93（下）合照

仅出土随葬瓷罐 1 件、银梳背 1 件、银戒指 2 枚。

谢家寨 M93，也为长方形竖穴单室石室墓，墓向 226°。未见封土。墓圹呈长方形，长 2.7 米、宽 1.3 米。无墓道。墓室长 2.1 米，宽 0.6 米，深 0.5 米。墓室人骨仅见头骨、四肢骨。墓内仅出土随葬器物 1 件，为酱釉瓷罐，出土于墓室东部。

谢家寨 M92 和 M93 相邻，墓室大小、长度、墓向均接近，发掘之前我们就倾向于将其视为夫妻合葬墓，而发掘之后的结果，更是有出乎我们判断的惊喜。M92 为女性，M93 为男性，他们都保存了比较多的遗骸，M92 的头颅偏向南侧，M93 的头颅偏向北侧——在六百余年前的埋葬仪式后，他们在地下仍默默地凝视着彼此。

从以上例子可以看出，大松山墓群考古发掘虽然出土了大量的墓葬，但是对于它的各种研究工作极为复杂，仅仅一个墓葬彼此的关系分析，就具有相当大的难度，而且，这种分析是否准确，还需要经历时间的检验。不得不叹息，找寻历史的碎片好难呀！

时 光

胡昌国 贵州省文物考古研究所

记得早先少年时
大家诚诚恳恳
说一句是一句

清早上火车站
长街黑暗无行人
卖豆浆的小店冒着热气

从前的日色变得慢
车、马、邮件都慢
一生只够爱一个人

从前的锁也好看
钥匙精美有样子
你锁了，人家就懂了

很喜欢木心的《从前慢》，从这首诗歌里，我读到了时光，蜿蜒久远，悠悠地伴随人的一生，漫无边际；就如同我们曾揭开的每一座墓葬，它们都定格在埋葬的那一瞬间，随着我们发现那掩埋在历史中的碎片而重回人间。这次在大松山，幸运的考古工作者们打开了一连串破碎的时光，揭露了两千余座幽然的墓葬，希冀通过那些出土的器物去拼凑那一千八百年的岁月，寻找他们曾经的过往，无论是什么样，都能够展现大松山区域历史的辉煌。

坟坝顶 M69

坟坝顶 M69 出土铜手镯

其实最开始的大松山墓群发掘计划，并没有达到如今的数量，从 2022 年 1 月开始到 2022 年 4 月 20 日，钻探发现的墓葬数量仅仅 620 座。在验收钻探成果的时候，79 号墓区就发现存在 223 座墓葬。在知道那片小小的区域中有着如此巨大数量的墓葬时，整个考古所都很激动，希望能够发掘出大量的南朝隋唐器物，让贵州考古在两晋隋唐考古中取得巨大的突破；在贵州考古史上从未发掘过如此多的墓葬，所里数次讨论发掘计划，最后决定联合北京大学考古文博学院、四川大学考古文博学院和中山大学社会与人类学学院三家单位共同进行这次考古发掘工作，争取能在三个月的时间里完成发掘任务，以配合医科大学新校区的建设工作。

最先进场的是川大白彬老师带领的队伍，他们率先在小团山开始了寻找清理墓葬的工作。与此同时，我和史忞也带队在坟坝顶墓区（即医科大钻探报告中的 1 号和 79 号墓区）开始了刮面寻找墓葬的工作，闵凯和李奎也分别带队开始了西瓜地和大茶山墓群的清理发掘工作。随后几天，北大韦正老师和中大郑君雷老师的队伍也进入发掘区，大松山墓群的考古发掘工作全面启动。

考古是一门通过拼接历史碎片来还原真实历史的工作，在没有打开每一座墓葬的时候，我们都无法预测能够发现什么。在小团山、坝坎边、窝冲头、马坝、四川坟、张家坟、大茶山、西瓜地、黄山井、洋沟土等地点，陆续发现了大量的两晋南朝至隋唐时期的墓葬，它们三两成群，分布于半山丘陵的中下部，表明了该时期以家族墓地的形式构成墓葬主体。可惜的是，大量后世的盗墓者严重地破坏了它们。当漫步在黄山井湖边时，窄长形墓葬本体上圆形的盗洞、寥寥无几的随葬器物都展现着魏晋风流的遗憾。

考古的不幸和幸运总是相伴而行，相对于早期墓葬被严重破坏盗掘的情况，坟坝顶墓群却躲过一劫，无论是早期狭窄的南朝墓，还是隋唐宋元明清的石室墓和土坑墓，都没有发现有盗洞的痕迹。这批墓葬完全躲过了后期盗墓者的伤害，墓葬中不多且简陋的随葬器物也能够告诉我们这一千八百年以来真实的社会生活形态。

坟坝顶M111

坟坝顶M111出土铜嵌宝石戒指

坟坝顶M1356

打开那座编号为“坟坝顶M69”的墓葬，清理掉墓中灰褐土夹黄褐土堆积的填土，取掉那因为棺木塌陷压碎瓷罐而形成的影响清理工作的碎片，在少量棺板灰痕上面静静地躺着已睡了六百年的女性遗骸。她头上插着长长的铜发钗，发钗南侧的玻璃珠聚集成珠花的式样，发钗东侧则压着纹饰复杂的银梳背，小臂处佩戴着锡饰片、铜手镯，它们弯曲着放在腹部，在手指上还有两枚戒指，大腿处还放置着她喜爱的铁剪刀和铁锥，在地下的世界还要为丈夫和孩子制作新的鞋子。

打开那座编号为“坟坝顶M111”的墓葬，清理掉墓中灰黑土夹黄褐土堆积的填土，墓主人也同样静静地躺在那里，同样头戴铜发钗和银梳背，发钗南侧出土玻璃珠分成两堆，似乎在告诉我们一种新的装饰方法，腹部指骨处的7枚戒指和腕骨处的4件铜手镯或许代表了丈夫对她的宠爱。

打开那座编号为“坟坝顶M1356”的墓葬，不大的墓葬说明它婴儿的身份，清理掉墓中灰黑土夹黄褐土堆积的填土，墓坑中仅仅只有一把远远小于正常尺寸的铁剪刀，或许，它代表着一对父母对夭折女婴浓浓的爱。

打开那座编号为“坟坝顶M1038”的墓葬……

打开那座编号为“坟坝顶M1629”的墓葬……

考古工作者用他们的双手，把人类在这个世界上最后凝结的印记默默地记下。

疫情下的考古工作

胡昌国 贵州省文物考古研究所

第一次听到疫情的消息，是在2019年的12月23日，刚开始也没有太在意，只是防疫物资买不到让人很是焦心。几天后，因为同学的接济得到一批口罩，在市面上也买到了一些防疫用的酒精和药物后，就安心居家抗疫了。解除隔离后，我们也正在恢复了上下班的生活。所里采购了一批防疫物资，要求我们出去调查或在办公室工作时，都要保护好自己，尽量减少人与人之间的接触，于是就开始了漫长的抗疫生活。

时间一晃，到了2022年，相对于其他国家疫情多发的情况，我国的疫情控制得很好。贵州也就几个县城出现新冠疫情，贵阳一直都很安全。因为省委、省政府的贵州医科大学新校区建设计划，我们需要对其进行钻探，从1月到4月，在考古所和洛阳九龙公司联合钻探队近百名探工和技术人员的努力下，完成了大松山墓群的钻探工作，发现两晋至明清墓葬600余座。而钻探期间，我们也按照防疫政策要求，对队伍的防疫状况严格监控。

考古是一项需要大量人力参与的工作，没有办法完全避免人与人之间的接触。大松山墓群考古发掘期间，我们和三家单位使用的学生、技工和民工超过400人，平常在工作中，发掘人员需要和民工近距离接触，而学生和技工则来自五湖四海，存在极大的工作隐患。而工作时间的短暂和工作环境的特殊性，要求我们只能在精细管理上下功夫，严格执行贵州省的防疫政策。外地来的学生和技工隔离在宾馆并进行核酸检测，工地工人则每天检查行程码和健康码，如有发热、咳嗽等症状必须居家隔离，进行三次核酸检测，没问题后才能再到工地工作。由于我们发掘的是古墓葬，本身也有一定的保密需要，因此在工地隔离出大片区域控制围观

疫情下的日常工作——戴口罩发掘

群众进入，不组织公众考古活动和人员参观。这些措施的执行，保障了考古工作的正常进行。

9 月 1 日晚上，韩东打电话给我，说我们工地一侧的中铁二局的住宅区发现一例新冠确诊病例。该区域的交通旋即封锁，工作人员们只得绕路回到驻地，很担心第二天能否继续开工——因为工地上有许多墓葬正在发掘，数十件出土器物还躺在墓穴中等待提取。幸运的是，第二天我们依然能够在工地进行发掘，似乎事情也没有那么严重，可惜现实给了我们当头一棒。9 月 3 日那天，所有的道路都被封锁了，村里也要求所有村民都居家隔离，等待进行核酸检测。工地是去不了了，去了也没有工人，只能在驻地等待，工地上没有发掘完和提取器物的墓葬安排值班人员值守，他们也不能回家，如果回去就再也出不来了。在隔离最严格的时候，他们只能到邻近的大松山水库钓鱼来果腹；彼时我们也在居家隔离中，没有办法帮助他们解决口粮问题。

隔离的初期，我们还是很庆幸的，虽然不能出去，但是 7 月到 9 月就没怎么休息，正好可以当放假了。而且我们住在安顺昌洪惜缘宾馆这边，通过一条小路，三分钟就可以到达杨柳哨的考古驻地了。初期的两三天，相互的交通并没有阻断，我们能够自由地往来于二者之间，白天去驻地对发掘出土的文物进行清洗修复，晚上回到宾馆整理资料，虽然繁忙，但很惬意。

随后疫情在贵阳的蔓延势如破竹，我们这种小区域的流动也会造成严重的后果。川心村很快安排值班人员阻隔两地的交通，我们在昌洪惜缘宾馆，彭万他们在杨柳哨驻地，川大、北大和中大的发掘队伍都困在泰豪的创客酒店里。相比于我们几支发掘队伍，彭万他们每天虽然可以修复文物，但也得每天操心近 30 人的日常饮食，忙得不得了。而我们在宾馆隔离期间，除了整理发掘资料，就是严格按照防疫要求进行核酸检测，至 9 月 23 日放开居家隔离，每个人还胖了一点。

9 月疫情之后，考古工地马上进入正常的工作状态。眼看临近年底，还有近 400 座墓葬没有发掘，同民族大学叶成勇院长商量后，民族大学陈美娜、田光猛、王健、王吉才、禹贵强等 20 多位同学考试结束后将到工地来实习，所里也把陈卿、杨磊、董州、许国军、韩文华、韩前进他们调到大松山发掘工地来帮忙扫尾。12 月 20 日左右，大量同事和学生加入，我负责的工地每天上工的有 30 多人，兵强马壮，厨房都多安排了两个阿姨帮忙才能解决我们的伙食问题。

被封控后的工作——修复

好景不长，工地陆续有人因为感染新冠病倒，最少的时候整个工地的工人还不到 20 人，考古队员和学生也陆续病倒，部分同学选择回家治疗，也有部分同学坚持在工地治疗，我们也到处购买治疗感冒、咳嗽、发烧的药物。12 月底到 1 月初，每个人都倒下一轮后，整个工地的感染风潮逐渐过去，发掘工作才回归正常，在 18 日结束了这次的发掘工作。

从 2019 年到 2022 年底，我们都在新冠的压力下负重前行，冒着风险完成考古调查和发掘工作，感谢国家把新冠的风险降到了最低。我感染后没有发烧，只是头痛和咳嗽，四肢无力，几天后就恢复了正常，重新活跃在考古工地。2023 年春夏之交，我们在进行大松山墓群出土文物整理的时候，有几个队员和同学感染了新冠，淡定地吃点药，自己在房间里隔离几天就好了，没有任何的波澜。这足以说明，这场人类和病毒的战争已经过去，而这些时间的抗疫生活，疫情下的考古调查和发掘却将在我们的记忆中长久留存。

未知和收获

李春雨 贵州民族大学民族学与历史学学院

在我读研以前，“考古”一词都是在电视或者小说中看到，从未真正到实地体验过。那时候对于考古是陌生的，也从未想过自己有一天会有去考古工地现场发掘的机会。在发掘之前，学校老师也组织我们去参观了大松山墓群，第一次看到时，就被此墓群的壮观给惊讶到了。后来，考古所的老师带我们去看了墓葬形制、出土物，让我叹为观止。印象最深刻的是出土的梳背、钗子与珠子，都非常精致，仿佛看到若干年前一个女子佩戴时的场景，它们静静地躺在那里，等着后人去探寻，像是与我们诉说着那时候的审美。因此得知可以去此地实习，我毅然决然地报名了。

考古所老师们刮面寻找墓葬

清理墓葬的工具——小锄头

确认的墓葬

2022 年 12 月中旬，天气渐冷，大家乘坐考古所安排的车前往考古工地，每个人的脸上都带着兴奋的笑容，对未知有着跃跃欲试的决心。其实参加此次墓葬的发掘，我的内心是忐忑不安的，因为从未接触过考古工地，本科也不是与考古相关的专业，一切都是未知的，在课堂上学习的知识也都是纸上谈兵。第一天是我印象最深刻的一天，第一次的接触，就让我感受到了考古人的不易，他们每天穿梭在工地，从未停下脚步，只为探索历史的一个真相。2022GFM1284 是我人生中挖的第一个墓，虽是空墓，但是学会了如何修墓边、辨别层位关系，如何去分辨土色、画图，以及无人机拍照、撰写发掘记录表等基本技能，让我感受到了理论与实际操作的不同。

大松山墓群有两千余座墓，规模宏大，宛如一本无字史书，被淹没在广袤的大地，因需修建校区又将它翻阅出来，每一座墓可能都在诉说着它的故事。当我第一次拿到锄头和铲子时，我心里的感受是不可言说的，因为我不知道我会挖出什么样的故事，不知道挖到的是被岁月给侵蚀没有留下一点东西的空空如也的墓葬，还是留下一点什么信息让后人去探索的墓葬。这些未知都是惊喜，无论结果是有还是无，这都是历史在告诉我们答案。

虽然从墓葬形制与出土物来看，这是一个平民墓群，因为先民们用最朴素的东西去祭奠过世的人；虽然不像帝王墓或者贵族墓那般华丽，出土物也非常丰富，但就是这些普普通通的东西才能看出他们对逝世的人最真挚的缅怀。一直以来西南地区的平民史料就不多，大松山墓葬的发掘正好可以填补西南地区平民史料的一部分空白，可以通过当时的背景和出土物，推测出当时的财力如何，有无与外交往的情况。大松山墓群，在千年的时间里，于古人而言，是可以考证他们当时如何生活、如何进行社会交流的地方；于我而言，是一次很有价值、很难忘、很荣幸的实习；于考古人而言，这是研究西南边疆古代民族最丰富的材料，对研究中华民族共同体的形成提供重要依据。我们应向这些考古人、文物保护工作人员及参与此次发掘的民工致敬。从朝夕相处的民工身上，我感受到他们的淳朴、热情、善良与对文博事业的支持。他们会小心翼翼地将文物上的泥土拂去，会将每一座墓的墓边修好，至少在这段时间的发掘中，他们或多或少都有一定的文物保护意识。这次经历让我明白，考古学如果只让考古研究者去接触，便不会得到大众的理解与支持；考古需要走进大众，公共考古必须全面普及。

我清理的第一个墓葬

也曾认真想过，此次考古实习给我带来了什么，是第一次挖填土手就被磨出的水泡；是在寒风中被冻得瑟瑟发抖，老师提来一笼温暖的火炭；还是几个同学一起合作而绘成第一幅图，那一刻大家脸上露出的开心笑容；或许也是第一次挖到文物时欣喜若狂的表情，以及第一次学会无人机拍照，全面观察文物时

墓葬绘图

的那种惊讶……也许这就是学习考古的初衷，可能在以后再也没有这样一群人，为了同一个目标而努力。田野考古，这是一场对我精神的洗礼，让我得到历练与成长。在这次历练中，我看到考古人许许多多可贵的品质，他们远离城市的喧嚣，沉静下来，每天重复地做同一件事，也不会觉得枯燥无味。也让我明白，对待每件事情要有耐心与恒心，尊重生活，尊重学习。虽然只在考古工地一共待了二十天，但是却收获颇多，除去学习知识以外，也感受到了老师与同学带来的温暖。在感染新冠病毒的一个星期里，遇到了许多暖心的事，老师们给我们准备了许多抗病毒的药，给予了我们无微不至的关心。还有同学为我们不辞辛苦地带饭等，都令人十分感动。

考古本来就是一门严肃的学科，每一个考古人都必须用科学严谨的态度去对待。但同时，考古也是未知而浪漫的，因为无法判断一铲子下去会给发掘人带来什么样的惊喜，总是在紧张地期待，总是在盼望着什么，到最后结果可能也是意料之外的不一样的惊喜。虽然大家都在尽力地收集各类信息和资料，但是有太多东西都经受不住岁月的侵蚀，化成一缕青烟消失殆尽。人的肉体早已消失不见，有的墓葬还能看到残留的牙齿，或者一点骨渣，不知道其是谁、何故逝世，几十年的生命历程，如今困在几立方米的墓葬中，让人感到无力，也让人遐想。大松山考古，让我真正地感受到，古人走过的地方，生活过的地方，翻开那些尘封的泥土，让我看到了最初的面貌。

冬天里的一把火

陈美娜　　贵州民族大学民族学与历史学学院

2022 年 12 月 17 日，在结束了学校的课程之后，我们来到了大松山墓群进行考古实习。这片大型墓群，绝大部分石室墓已经清理完成，我们负责的主要是土坑墓的发掘。

M917 便是我人生中发掘的第一个墓葬，跟大部分人一样，我也很希望能够挖到“宝物”。但很遗憾，一直清理到生土层，仍然没有发现任何让人心动的“宝物”。就这样，我又满怀期待地继续发掘下一座——M914。终于有了收获，在墓

发掘工地一角

室前部发现有夹砂陶釜，在墓室后部发现一件漆器残件，兴奋和满足瞬间充满了心怀。

而在发掘墓葬的过程中，惊喜的感觉总是不经意就涌现出来。2023 年 1 月 4 日，我发掘了两件较为特别的器物，我根据此前画出的墓葬范围，按照由上向下的清理方法，开始对墓葬 M1266 进行清理发掘。盖板石已经有所塌陷，首先对盖板石进行清理，清理完毕后在距离地面大约 16cm 处发现青铜手镯 1 件（残）和篦饰 1 件（残）。M1266 是竖穴土坑墓，方向是 247°。根据墓向和随葬品推测，该墓年代为明代。篦饰无疑是较为具有民族特色的饰品，在四川大学的发掘区域发现了更多的篦饰，形状类似于臂钏。臂钏，从文献、实物和图画上来看，是佩戴于上臂的环形首饰[①]。民族特色饰品在大松山墓群发现了许多，比如项饰、银梳背、铜发钗、铜剪刀。大松山墓群的梳子一般发现于墓主人的头部，因此推测梳子在墓葬中主要是佩戴在妇女头部，用作饰物。妇女使用梳子作为装饰品，除苗族和侗族外，还未见到别的民族有这一习俗。[②]即使是现在，依然可以看到妇女用梳子作为头饰的景象。通过器物我可以与距今 600 多年的墓主人对话，感受贵州地区多民族的独特魅力，揭开那一座座古墓的神秘面纱。

在发掘期间，还发生了很多有趣的事情。比如在寒冷的冬天，一盆炭火就足以使我们一整天都可以得到温暖，但是每天早晨的生火环节就是最痛苦的时候，要先用碎小的草木引燃，然后再放入稍大一些的树枝，等火引燃后再放入木炭。步骤很简单，但是实际操作起来就比较困难了。由于贵州多雨，因此在雨后的早晨生火第一个问题就是潮湿的树木很难点燃。但是工地上民工们显然非常有经验，他们告诉我们说可以先用一些没用的废纸把最碎小的草木点燃，然后慢慢添加，趁着火力旺盛的时候放入稍大树枝，他们说这叫作“火大无湿柴”。还告诉我一个保留火种的小妙招，就是把未燃完的炭火用灰烬掩埋，隔绝氧气，等到第二天早上扒开灰烬，放入新木炭即可，无须重新生火。

贵阳的冬天可真的同我老家有很大的区别呀！虽然北方零下十几度，冬天总

① 黄方悦．中国早期臂钏研究 [J]. 地方文化研究，2018(03):92-101.

② 李炳泽．贵州苗族妇女的梳饰习俗 [J]. 民俗研究，1989(02):98-99.

在杨磊老师指导下发掘墓葬

是覆盖着厚厚的雪，考古工地也要在遗迹上覆盖一些保暖的设备，以之预防“冻融”的破坏，但屋中总有暖气能陪伴我们。贵阳则不同，虽然只有零下几度，但是很多地方没有供暖，且屋外的气温总是变幻无常，冷空气过境时我在瑟瑟的寒风中冷得浑身发抖。我们亲身经历了这些，才深深地明白考古并不是简单地挥动手铲和毛刷。

从墓葬中寻找往昔

吴彩莉 贵州民族大学民族学与历史学学院

在去大松山墓群参加发掘之前，我们就在叶成勇副院长的带领下在大松山临时库房参观过出土文物，库房中的陶罐、瓷罐、瓷瓶、梳背、玻璃珠等让我目不暇接，惊奇在那时候人们的制造工艺就如此高超。而在考古工地现场，对于正在清理和尚未提取的墓葬，是我第一次如此近距离地观察它们。先民们使用的簪子、梳子、首饰及陶瓷碗罐都使我惊叹不已，仿佛直接看见那个时期的人们下葬时的场景，如何摆放陪葬品，如何将死者的棺木放入墓坑中，使用什么样的土覆盖。那些被打破的墓葬让我直观地感受到，在时间的流逝下，人们遗忘了这里曾经埋葬过的人，又在原址周围发掘墓坑，将逝者葬于其中。这次来之不易的参观使我感到一种来自灵魂深处的战栗。

在临近期末之时，考古所给了我们一个巨大的惊喜，我们可以前往大松山墓群进行考古发掘实习。突然的惊喜让我们前往参观过大松山墓群的同学们都激动不已，我们都明白这次机会的珍贵，所以许多人都毫不犹豫地报名参加了本次的实习。

由于是在冬天，在发掘时又是在野外，天气特别冷，加之夜间会下小雨，所以每天我们上工和下工时鞋子都会粘上厚厚的一层黄泥。令人啼笑皆非的是，我准备的几双鞋子都是白色的，在工地上走两步基本上就不能够看了。所以在进入工地的第三天，我就紧急网购了两双厚厚的“解放鞋”。听发掘项目开始就进来的同学说，工地上夏天热、冬天冷，一般人还真坚持不下来。我们进入工地后的第一件事并不是开始发掘，而是生火取暖。

真正地进入田野考古是在 12 月 17 日的下午。进入工地，里面的一切都是新奇的，包括分发给我们的手铲、小锄头、卷尺和绘画工具等。简单地了解了各个单位负责的区域后，我们便开始观察工地上正在进行发掘的民工们的动作，学习如何不失速度地将土层一层一层平整地揭开。之后老师们便给我们分配发掘经验丰富的民工，并且在他们的指导下，让我们各自选择一座独立的墓葬。

这便是我人生中的第一次墓葬考古发掘。我们对所经历的各种“第一次”总是记忆犹新，当然，我第一次发掘墓葬、第一次发掘出器物的经历也仍旧是历历在目的。

选定好要发掘的墓葬后，还不能够直接就开始挖掘，为保证发掘时土壤能够被轻松掘起，需要对墓葬进行浇水，打湿泥土。与我组队的阿姨浇水湿土、刮土层一气呵成，令人佩服。观察土壤的颜色后，使用小锄头一层一层地向下发掘，阿姨则辅助我将挖出的土运到另一边，保证在每一层结束时墓坑内都整洁、干净、

在练习无人机拍摄的我

阿姨做的美味饭菜

万物皆可烤

无杂土，以便在发掘下一层时能够察觉到是否有出土物的存在，最大程度避免在发掘过程中因为大力或者被废土掩埋而损坏文物的情况。我因为在家中做过农活，在发掘过程中发掘手法比较娴熟而受到阿姨与老师的赞扬。我相信每个发掘人在发掘的时候心情都与我一样，希望自己能挖出比较惊艳、贵重、具有研究价值的物品。也许是我的碎碎念得到了回应，在发掘的墓坑前部果真发现了一个陶罐。陶罐在时间的沉淀和泥土的侵蚀下已经变得比较脆弱，但在阿姨及老师的指导下，我顺利地对其进行了建模、拍照和测绘。而后取出、密封、贴标签等工作也在他们的指导下完成。

全流程体验过后，便是阿姨们挖掘，我们测绘、记录、建模等。在 20 天里，我发掘了 35 座墓葬，这些墓葬中有空墓葬；有炭化的棺灰痕；有在墓室前部出土夹砂陶罐，后部出土漆器；有出土瓷碗、瓷罐、瓷瓶还有钱币的墓葬。在墓葬中发现这些物品时，我和阿姨都欢呼不已，甚至向其他同事炫耀：“我这出东西了，快来看看我这出的东西。”在我发掘的最后几天里，出土的瓷碗瓷瓶更是一个接着一个，就像钓鱼人的“新手保护期”一样，让人欲罢不能。

在发掘现场，闲暇时我们在工地上泡咖啡，烤阿姨从家中带来的红薯，后来甚至发展到“万物皆可烤”的程度，无论是什么东西，先上烤架烤一烤。打听好附近的集市后，我们去采购了生活用品与零食，方便在工地上“加餐”。工地上的寒风迫使我和室友都戴上了帽子，帽子是咖色带耳朵的小熊表情的帽子，这也使得工地上的同事们戏称我们两人为“熊大熊二”。

作为一个“吃货”，我最期待的便是驻地大厨阿姨做的饭菜。毫不夸张地说，每一顿饭都是一个小盆起步，以至于在那段时间里我不仅没有瘦，反而还圆润了一些。据老师们讲，在进行考古调查时，由于每天大量地跋山涉水，虽然劳动之后胃口大开，但是往往入不敷出，很难胖起来；然而考古发掘则不同，每天付出最多的都是脑力劳动，而早中晚餐的规律进食，往往很容易就增加体重了，而一个工地的伙食好不好，看发掘结束后队员体重的增长程度就知道了。由此可见，我还是达到了一个考古队员的“标准”。

在此期间，我感染了新冠病毒，但吃药以后的第二天便生龙活虎，恢复的速度都让我室友怀疑我是不是真正感染了新冠。对于她的怀疑，我也作出了回应：“这就是支持我考古的力量。”每天上下班的路途中都是欢声笑语，谈论着我们在工地上所发生的小笑话、发掘出的遗物等，充实而又快乐。在我们居住的宾馆老板家中有一窝小奶狗，每次回到宾馆时我都会逗一逗这些小奶狗。在这些时日里，明显地看到小奶狗的蜕变与长大，而我自己也是收获满满。每天早上顶着冬日的风去到工地上，下午带着在工地中收获到的知识回到宾馆中。

在工地中我们从最开始的畏手畏脚、不敢挖、不敢碰，到熟练地使用工具，仅花了三天时间。在各位老师的指导下，我们逐渐学会使用水平仪、绘图、使用无人机对墓葬进行拍摄、收集出土物、观看土色等。但是说真的，在没有进入考古工地之前，我不会执拗地去辨认区分那一区域的土究竟是夹细砂红土，还是质

正在挖掘的阿姨

“熊大”“熊二”的下午考古

地较硬的红生土；不会去仔细地观察挖掘出的废土中是否夹杂有植物根茎和细小炭粒。但是这些，是在我们进入考古工地以后的一个基础的观察点，这也是作为一个考古发掘工作者的基本常识。因为这些东西会直接告诉我们那个时期古人在举行墓葬仪式时的细节和当地的习俗，揭示那个历史时期的人们的社会生活，进而有助于研究当地的人类文化活动。比如发现的众多石室墓，这些石头是当地特产的还是从别处购买而来？是否只在某一个时期流行？所用的石头均是白色石头，为什么不用其他的颜色或其他质地坚固的石料？白色石头在那个时期是否有一些特殊的意义？这些都是值得探讨的问题。

其实我在工地发掘时将绝大多数的注意力投在了出土物上，完全没有考虑到这些材料的来源，材料是否有特殊的用意。墓葬内的陪葬物除老师提到的可能装一些食物和酒之外，还会不会盛装其他的物品？死者的性别与陪葬的陶瓷器的尺寸会不会有关联？抑或只是因为财力的多寡，使得同一时期的墓葬中陪葬品不一致？更没有向老师探究这个墓群地理位置的特殊之处。这些或许都是遗憾吧！只能留待以后弥补了。

对话古今

大松山墓群自两晋延续至宋元明时期，从小聚集家族墓地到公共大墓地的演进脉络清晰，是黔中地区“不断裂”的古代文化连续发展进程的见证，成为中华文明突出连续性的黔中个案。

触摸历史的心脉

胡昌国

贵州省文物考古研究所

我们时常在夜里外出行走，偶然抬头看看那一闪一闪的星空，心神或许会在那里迷失一会儿，就如同张若虚的《春江花月夜》的那句“江畔何人初见月，江月何年初照人”一样，难免生出古人今人的感慨。遥想在远古的云贵高原，生活在洞穴中的先民们，饱餐了难得的猎物后，围绕着火堆沉眠时，是否也会有人枕着石块，仰望着洞外的天空，也在思考着亘古之前的故事？

轻轻翻起史书，如同孩子一样，希冀在其中寻找到所追寻的答案，往往都是求而不得的。“在齐太史简，在晋董狐笔。”在赞颂史家记述历史的真实性的同时，也回避了史家们记述的言简意赅，就像《史记·西南夷列传》一样，短短的一千六百余字，讲述完西南夷大地上一百余年的政权变迁。想从中找到夜郎、滇、且兰、邛都等等古民族的前世今生，去探寻当时的政治、经济、文化、生产力水

坟坝顶墓群出土铜嵌金蟾戒指

平等方面，实在难以做到。想想西汉才发明的造纸术，直到东汉蔡伦才予以改进。再想想汲冢书、睡虎地秦简、里耶秦简、银雀山汉简、居延汉简等等，哪一份古籍的出土不惊世骇俗呢？那个时代，是使用竹简木牍的时代，他们没有电子书，没有计算机，他们记录史料的手段是无法同后世比较的，不要去苛责古人，他们已经做得相当完美了。

大松山墓群发掘前，我们需要知道它在之前属于哪里，有什么相关的史料没有。可惜的是，贵州由于明代才建省，且辖区由周边省市划拨，关于它的史料古籍，也多是明清时期，其他的史料难以查询。通过招果洞考古发掘可知，贵安新区早在 4 万年前左右就有了人类的印记；牛坡洞考古发掘告诉我们，从 1 万年前直至西周，人类在洞穴中艰难地生活，传递着文明的薪火；春秋时期贵安新区属于古牂牁国辖地。战国时期，这一带为且兰古部落的活动地区。汉武帝元鼎六年（前 111 年），平南夷置牂牁郡，直至两晋南朝时期，牂牁郡辖县多有变化，但贵安新区一直属牂牁郡辖地。

两晋之前的汉代，大松山墓群所在的贵安新区马场镇是什么样子的，我们已经难以描述了。整个墓群发掘的两千余座墓葬，也没有一个出土买地券、墓志或者墓碑，整个文字资料只有 6 枚印章和近百枚钱币，印章的年代应为元明时期，其中有一部分汉巴合体印章，它们应该是元代的商号合同章。而钱币种类则较多，有南朝陈的太货六铢，唐的开元通宝，北宋的咸平、祥符、崇宁、宣和、熙宁，南宋的淳熙元宝背十五，金的大定通宝，元的大元通宝、大中通宝，明的洪武、永乐、弘治、万历等等。时代跨度千余年，为什么会在这片区域有着这么多的墓葬存在？在这些墓群的附近有一个大型的人类聚居点是无疑的。打开马场镇的电子地图，可以看到万人坟、熊家坡、大松山、坟坝脚、杨家桥墓群围绕的中心范围，就是现在的马场镇镇政府所在区域。这一区域，或许就是我们念念不忘的魏晋至明清时期的地方中心所在地，但那也许需要若干年来确认。

大松山墓群的发掘工作趋近结束，但关于大松山墓群的研究工作则刚刚开始。徜徉在文物库房中，环视着文物架上那数千件不同时代、不同材质的各类文物，它们代表了近两千年来这一区域人类的悲欢喜乐，无论是戒指上跳动的金蟾，还是那深沉而脆弱的陶釜，抑或是融合了玻璃珠花、锡叶片、锡坠的手串，抑或是

坟坝顶墓群出土串饰

坟坝顶墓群出土铜印章印面

那小小的难以辨识出文字内容的印面，都是历史留下的印记，都值得我们去细细地品鉴。

这一墓群的发掘，对于贵州非常重要。它地处黔中腹地，不仅仅是贵州乃至西南地区已发掘规模最大、延续时间最长的一处历史时期墓地，也是贵州出土唐代文物的唯一地点。大松山出土众多的陶瓷、金属、珠饰、有机物等文物，反映了该地区不同时期生活、商贸、信仰、丧葬等文化面貌，时代差异和联系都很明确，生动描绘出西南边疆古代民族1400余年的历史画卷，我们可以据此建立起西南地区考古学年代标尺。

而通过历史典籍可知，从两晋到南朝，云贵地区治理中心有可能从云南移动到贵州境内。两晋对云南有效治理，南朝汉夷边界东移，牂牁郡地位提升，其郡治很可能就在我们发掘的大松山墓群附近区域。

从目前各个民族分布情况可知，云贵地区古代族群众多、文化因素复杂，在云贵高原上的历次考古发掘出土文物对此有集中体现。大松山墓群年代跨度近两千年，既有延续，更有变化和发展，特别是在宋代开始出现公共墓地，与整个中国的社会变迁息息相关，充分证明了云贵地区在葆有地域和民族特色的同时，华夏文明因素依然一直占主流；充分证明了中华民族共同体就是在发展和变化的过程中形成的，它是体现中华文明多元一体格局的生动案例。

从淳熙元宝谈起

胡昌国

贵州省文物考古研究所

大松山墓群的考古发掘历时近 7 个月，计 190 天，共发掘了 2 000 余座两晋、南朝、隋唐、宋元、明清时期的墓葬，墓葬年代跨度近 1 800 年，墓葬打破现象极为复杂。可惜的是，整个墓群出土的文字资料太少，没有发现过任何墓碑、墓志或者买地券，而仅仅出土了寥寥几枚印章、百余枚钱币。并且近百座两晋南朝墓葬居然没有出一枚五铢钱，最早的钱币就是南朝陈的太货六铢，这些情况不禁让人怀疑该时期贵安新区的居民的经济往来是以货易货的方式，或者直接以布帛代替钱币进行交易。没有钱币或文字作为断代的依据，让我们对于墓葬的年代分析一开始就只能从器物和墓葬形制着手，无疑增加了工作难度。

从 2023 年 2 月始，启动了大松山墓群的整理工作，一些在发掘时忽视的东西开始进入我们的视线。佳骏在清理 M390 出土钱币时，居然清理出一枚淳熙元宝背十五。这枚南宋钱币，在其他地区或许不算珍贵，但在贵州却是第一枚考古发掘中出土的南宋铜钱。听到这个消息时，我脑子里第一时间通过淳熙这一年号想起了上学时学过的姜夔的《扬州慢·淮左名都》：“淳熙丙申至日，予过维扬。夜雪初霁，荠麦弥望。入其城，则四顾萧条，寒水自碧，暮色渐起，戍角悲吟。予怀怆然，感慨今昔，因自度此曲。千岩老人以为有‘黍离’之悲也。

坟坝顶出土淳熙元宝背十五

虎踞山一号墓出土南宋铁钱

淮左名都，竹西佳处，解鞍少驻初程。过春风十里，尽荠麦青青。自胡马窥江去后，废池乔木，犹厌言兵。渐黄昏，清角吹寒，都在空城。　杜郎俊赏，算而今、重到须惊。纵豆蔻词工，青楼梦好，难赋深情。二十四桥仍在，波心荡、冷月无声。念桥边红药，年年知为谁生？”

南宋时的白石道人为我们勾勒出“自胡马窥江去后，废池乔木，犹厌言兵。渐黄昏，清角吹寒，都在空城”的宋金战争对民生造成的破坏和“知我者谓我心忧，不知我者谓我何求”的家国之悲时，距离隆兴北伐和中兴四将的彻底凋落已经20余年。即位之初便给岳飞平反的宋孝宗也未能完成直捣黄龙的梦想，但他将于4年之后的淳熙七年（公元1180年）在钱币的背面铸上铸行年月，开启了中国铸币史上崭新的一页，为之后的南宋钱币背面铸行年月开了先河。这对于我们考古工作来说是很幸运的，它使我们对于墓葬年代的判断可以精确到年。

贵州在南宋时，部分区域属夔州路，为铁钱使用区，故北宋的铜钱时有发现，而南宋的铜钱则从来没有发现过。1973年在贵州毕节的虎踞山发掘了一座砖室墓，因为被盗的原因，出土随葬器物不多，仅有1件方格纹陶罐，7枚剪轮五铢钱和1件鎏金的望山（弩的瞄准器），以及数十枚铁钱。可辨识的铁钱最晚为庆元，因此墓葬的上限就是南宋宁宗时期，它应该也是贵州考古发掘确定不多的南宋墓葬之一。而大松山墓群也发掘了不少的宋墓，初时我们判断宋代墓葬多集中于坟坝顶墓群东侧小山顶部，顺山势从早到晚向下排列，后来的发掘情况直接推翻了我们的这种判断。宋代墓葬应该遍布整个坟坝顶墓群，甚至谢家寨墓群也有不少，只是由于晚期墓葬对早期墓葬的打破或者本身没有多少随葬器物，使得对于墓葬年代的认知有一定的误差。判断墓葬的年代需要结合出土器物去详细地分析，这需要相对漫长的一段时间。

虎踞山一号墓出土弩机望山

远离中原腹心之地的西南对于王朝更替感受不深，通过古籍资料可知，贵州在汉武帝开发西南时就设置郡县进行管理。到唐宋时期，中央政府对此地实行的是羁縻管理制度，即设置一系列的羁縻州，任用地方首领为官吏管理该区域的做法。这样的做法对于实现地区稳定和管理是很有作用的，同时也促进了西南边疆和少数民族地区社会经济的发展。

历史上大松山居民们的生活水平如何？通过大松山墓葬发掘情况可知，宋明时期发现的墓葬数量最多；从墓葬形制、葬俗和随葬品看，墓主应为平民，身份等级虽不太高，但随葬品亦有一定数量，表明死者有一定的经济实力。已发掘的墓葬中，出土器物多为生活用品，没有一件兵器，从另一面反映出当地社会稳定、经济发展的历史实际，也是中央政府在边疆地区推行羁縻土司制度灵活有效的鲜活印证。

饭含

胡昌国 贵州省文物考古研究所

在一些盗墓的书籍或者电影中，可以看到死者口中多有宝玉或者宝珠一类的东西，最出名的莫过于溥仪在《我的前半生》中记录的东陵盗宝时从慈禧太后口中取出的夜明珠。而大松山墓群这一体量大且延续时间长的墓葬群，是否也出土过一些类似的器物呢？

其实这一情况叫作饭含，是中国古代的礼制丧礼的一个重要部分，自春秋时期开始就用严格的规定来约束人们的行为。饭含作为重要的丧葬礼仪之一，其目的有两个，一个是避免人成为饿鬼，另一个则是通过口含的珠玉保证其形体不朽。《白虎通·崩薨》："所以有饭含何？缘生食，今死，不欲虚其口，故含。用珠宝物何也？有益死者形体。"在大汶口遗址发掘的墓葬中就发现有口含玉器或骨器的例子。而历朝历代对于饭含物品也有着森严的等级要求，《周礼·地官·舍人》："天子含实以珠，诸侯以玉，大夫以玑，士以贝，庶人以谷实。"《大唐开元礼》："唐代皇帝饭粱含玉，三品以上官员饭粱含璧，四、五品饭稷含碧（绿玉），六品以下饭粱含贝。"明时则规定五品以上饭稷含珠，九品以上饭粱含小珠，庶人饭粱含钱。但也有一些变通。

早在宋代的时候人们就发现饭含容易招致盗墓贼觊觎，人为降低饭含物的等级。司马光在《书仪》中称："钱多既不足贵，又口所不容，珠玉则更为盗贼之招，故但用三钱而已。"在《朱子家礼·卷四》中，则有饭含的具体步骤："乃饭含……以匙抄米实于尸口之右，并实一钱又于左，于中亦如之……"大松山墓群虽然发掘了两千余座两晋至明清时期的墓葬，但这些墓葬均为平民墓葬。按照古代礼制的要求，作为古代的庶人，按照礼制的要求口含的应该是粱贝或者钱币，因此这些墓葬等级虽然低，但推测应该还是有口含的。

粱作为有机质的谷物，放置口内后应该很快就腐烂了，检测人头骨内残存的土壤或许能够发现植物的植硅体存在的痕迹。但坟坝顶出土的人类头骨不多，且就算未发现植硅体，对所含之物是其生前食用还是死后放入也无法分辨。贝类在大松山墓群中仅仅只有坟坝顶 M1301 和坟坝顶 M1302 两座墓中有出土，其来源应该是东南亚或热带海洋，应该是作为装饰品用的，发掘时的出土位置在头部以上。2004 年考古所在开阳高寨乡平寨村清理了四座岩洞葬，出土了百余枚穿孔贝，但它们多与料珠一起出土，也应该是起装饰作用。大松山墓群中口含最多的可能就是钱币了，两晋南朝至隋唐的墓葬多没有人骨出土，虽然出土有钱币，是否含在嘴里却情况不明。

整个宋元明清墓葬中，因人头骨保存不好，也没有明确地发现嘴里含钱币的。根据钱币出土位置，推测可能存在口含钱币的也仅有以下几个墓葬。

坟坝顶 M115 为长方形竖穴土圹单室石室墓，墓向 296°。墓室长 2.6 米，宽 0.88 米，残高 0.6—0.8 米。墓室底部有少许棺木腐朽灰痕，底部有一层黄褐色淤泥。棺内出土人骨一具，仅保存部分头骨与牙齿。在墓室的封门处出土陶釜、陶罐各 1 件，已残破，陶釜下有三个小石头支垫。棺内出土铜发钗、铜钱、铜戒指、铜手镯、串珠、铁器等随葬品，墓室右侧中部及右后壁各有 1 件瓷罐。

开阳平寨仓口洞出土的穿孔海贝

坟坝顶 M164 也是长方形竖穴土圹单室石室墓，墓向 287°。墓室长 2.72 米，宽 0.9 米，高 0.42—0.81 米。仅在墓室内发现少量头骨、牙齿、下肢骨，骨骼保存极差。随葬器物 4 件。在墓室的封门处出土陶釜、带流陶罐各 1 件，已残；墓室后半部出土铜钱小半枚，靠后壁东南角出土双耳酱釉瓷罐 1 件。

坟坝顶 M1302 头部随葬的海贝

坟坝顶 M1116 同样为长方形竖穴土圹单室石室墓，全长 3.48 米，墓向 105°。墓室长 2.62 米，宽 0.82 米，深 0.86 米。随葬品共 19 件，包括瓷罐、铜钗、铜钱、珠子、银梳背、锡圆形饰、铃铛、手镯、铜戒指、银戒指、锡片、陶釜等。其中瓷罐放置于墓室东侧，应处于棺室外。铜钗及银梳背组合放置在一起，旁侧伴出较多珠子，推测系头部装饰。铜钗旁侧伴出半枚钱币，应为熙宁通宝。墓室中部偏南处出土有锡圆形饰、铜铃及珠子等，应为固定组合。其旁侧伴出有铜镯，铜镯内可见手骨。铜镯旁伴出珠子，推测原系于墓主左手腕上。墓室中部偏北处出土有 4 枚铜戒指及 1 枚银戒指，旁侧还出土有珠子及锡片，推测系右手佩戴。墓室偏西处出土一陶釜，残损严重。

目前从大松山墓群发掘的情况看，墓葬出土的随葬器物虽然有一定的规律——墓室前部为炊煮器，墓室后部为存储器物，随身器物均在棺内——但墓葬中人骨的保存情况都不理想，是否有饭含之类的葬俗也是无法确认的。放大到整个贵州，不论是早期汉代墓葬，还是晚期的土司墓葬、马家湾三品恭人墓、凯里炉山 1 号墓等等，也尚未有一例出土饭含的确证。

贵州的瓷

胡昌国

贵州省文物考古研究所

瓷器生产，是中国古代最重要的手工业生产之一，它和陶器生产有着材料、窑温等诸多不同。早在春秋时期我国就已经出现了瓷器生产活动，其后两千余年，越窑、邢窑、柴窑、官窑、哥窑、汝窑、定窑、钧窑、洪州窑、耀州窑、德化窑、景德镇窑等著名的窑口在中华大地上灿若繁星，烧制的青瓷、白瓷、青白瓷、青花瓷、黑瓷等精美瓷器，是中国对外贸易的重要产品。在贵州的周边地区，也有一些著名的窑址，如四川的邛窑，重庆的涂山窑，湖南的长沙窑，云南的建水窑。而早年贵州在考古调查时发现的多为陶窑、砖瓦窑遗址，如沿河洪渡的汉代砖瓦窑遗址等。在 2004 年天柱电站调查发现瓦罐滩窑址之前，贵州真正烧制瓷器的窑址除清代晚期在兴义开始烧制的白碗窑外，并无其他发现。

贵州考古史上第一座正式发掘的瓷窑遗址，是 2009 年四川大学考古文博学院白彬老师带队发掘的瓦罐滩窑址。该窑址为早期龙窑，窑址时代应为宋到明，以烧制青瓷为主，兼烧酱釉瓷器和黑瓷，窑址内一共出土了完整或

洪渡汉代砖瓦窑窑室

瓦罐滩窑址瓷器出土情况

瓦罐滩出土瓷碗（宋明）

出土瓷器上的彩绘（宋明）

可复原瓷器、窑具近4000件，可辨器形中较多的为碗、盘和茶盏。器物胎体较薄，矮圈足、足墙较宽，足脊平。装饰手法有彩绘、模印、划花、堆塑、堆粉等。部分碗底有圆形拇指或工具压印痕迹，为该窑址出土瓷器的显著特点。瓦罐滩窑址出土窑具种类不多，可分地柱（支座）、羊角形窑具、垫饼、垫圈、垫条、垫棒、楔形垫具、弧形垫具等。地柱、羊角形窑具、楔形垫具三种较规整，应为事先烧制以备使用。其余几类，则根据需要临时使用瓷泥捏制，故形制多不规整。垫圈，部分与地柱配合使用；垫饼，多直接置放在窑床底部，故无器底痕一侧往往比较粗糙，有窑渣、沙粒、泥土等黏附其上。楔形垫具，从残存的现象看，多与地柱、垫圈配合使用。从釉色、器形和装饰手法等方面看，该窑址发展可能受到了钧窑、建窑及衡水窑、长沙窑的影响。

2010年，贵州省文物考古研究所进行清水江托口水电站库区文物考古发掘时，发现并清理溪口窑址。因受现代砖瓦窑长期取土破坏，窑址部分已不存在，形制不清，只残存部分窑包。该窑瓷器的釉色以青釉为主，黑釉、酱釉次之，尚有部分器物未施釉或是半釉。出土瓷器的器形较为丰富，可分为两大类，一类是日常用器，器形计有碗、罐、盘、碟、盏、杯、钵、盏托、擂钵、壶、网坠、器盖等；一类是烧制瓷器时所用的窑具，种类计有匣钵、支钉、垫圈、垫饼、码脚、瓷碾、垫托等。瓷器的烧造工艺有覆烧、叠烧、垫烧和套烧等。该窑包出土瓷器初步统计总数逾 2 000 件。通过对比可知，该窑址的时代为南宋至明初。此外，2011 年

溪口窑址窑包

溪口窑址出土的瓷器（宋明）

溪口窑址出土瓷行炉（南宋）

我们还发掘了宋明时期的盘塘窑，该窑址出土大量窑具和瓷片。出土窑具主要有磨制的石支座和烧制的垫坨、垫圈，出土瓷片有酱釉、青、白瓷片，器形有执壶、碗、盘、盏等，部分器物饰内刻划纹，年代也为宋明时期。

另外还在德江县和天柱县境内发现几处时代上略晚于宋代的瓷窑遗址，但可惜的是至今尚未进行发掘。

2022 年在大松山墓群发掘中出土了数百件瓷器，有青瓷、白瓷、青白瓷、酱釉瓷、黑釉瓷、青花瓷等。这些瓷器中的一部分来自广西、湖南、江西、浙江等地，但由外而来的瓷器因为运输和价值的问题，在大松山墓群的出土的瓷器中还是少数。根据出土情况推测，两晋南朝至隋唐和宋代的瓷器，可能多为外地运输而来。

三耳酱釉瓷罐（元明）

酱釉壶（明）

青花瓷碗（明清）

青花法螺纹碗（明）

青白瓷碗（元）

目前可见的由宋开始的酱黑釉、青白釉和青花瓷器，我们推测它们应该还是本地或者附近的窑址的产品。但是目前在马场及其周边地区我们还没有发现宋代或者元明时期的窑址，甚至在马场镇做全域钻探时，对窑址这一类型进行重点调查，也仅发现少量的烧炭窑。对天柱的瓦罐滩、溪口、盘塘窑址出土的产品进行观察，发现同马场大松山墓群出土的瓷器并不相似，同德江调查发现瓷窑遗址采集的瓷片也不相同。我们寄希望于在更大的范围内调查也许有可能发现同时期的瓷窑遗址，对于它的发现和研究将是贵州本土瓷器生产的重大收获。

石棺葬

胡昌国　　贵州省文物考古研究所

1972年4月，何凤桐、李衍垣两位老师在清镇市红枫湖镇中八村北3公里处的干河坝清理宋明时期古墓葬84座。其中绝大多数为长方形石室墓，仅有刀形石室墓一座。有空墓45座，仅39座出土有随葬器物。出土器物有釉陶罐，铜发钗、簧饰、簧形耳铃、跳脱、圈铃、戒指、手镯、铃、镊子、牙签、印章、镞、刀鞘饰，铁矛、刀、鐏，银边木梳，锡鱼、锡压胜钱、水泡，料珠，以及53枚钱币。将出土器物和周边同类型墓葬进行对比，对这批墓葬进行断代，除多数无法确定以外，清M159为元代墓葬，清M187为明初墓葬，其余可以确定的墓葬年代多为北宋。在这批墓葬中均未发现棺木痕迹，根据能推测出葬式的28座墓推测，这批墓葬均为单人仰身直肢葬。发掘者认为这批墓葬系直接使用石板作为棺木，称呼它为“石棺葬”。之后在贵州的考古发掘中，类似使用薄石板砌筑的墓葬便多称为石棺葬了。

发掘者认为这批墓葬的主人应该是仡佬族。那么，这些所谓的石棺葬究竟有没有使用棺木？还是仅仅仡佬族埋葬的时候没有使用棺木呢？明嘉靖《贵州通志》卷之三“安顺州·西堡司”：“部落皆仡佬，有二种：曰红仡佬、花仡佬，其名虽殊，其俗无异……妇人耳穿大孔，裳用花布横围之，曰桶裙。死丧不用棺，积薪焚之。”“新添卫·把平司·仡佬”：“男女服饰丑恶，俱绾髻……丧用长木桶为棺，多葬于路旁。”上述两地均临近干河坝，但说法各异，由此可以看出，不同地区的仡佬族，葬俗也有区别。

在贵州的古籍记载中，也确实有不使用棺木埋葬逝者的，如彝族，嘉靖《贵州通志》卷之三“宣慰司·水西罗罗”：“死则集人万计，披甲胄，执枪弩，驰

平坝棺材洞洞口棺木分布情况

长顺交麻崖墓洞内木棺

开阳幺罗寨岩洞葬内景，地面多棺板碎片

马若战斗状，以锦段毡衣裹之，焚于野而掷散其骸骨。”再如夭苗，《黔南识略》卷十五“黄平县”载：“夭苗缉木叶为衣，著短裙，女子年十五六，即别构竹楼处外。人死以藤蔓束之树间。”

《黔书》“苗俗·夭苗”载：“死不葬，以藤蔓束之树间。”《炎徼纪闻》卷四 “蛮夷”：“在陈蒙烂土为黑苗，又为夭苗，缉木叶以为上服。女子甫十岁，即构竹楼野外处之，以号淫者。人死不葬，以藤蔓束之树间而已。”但这两种埋葬方式，也是完全不同于干河坝石棺葬的。

在贵州考古调查和发掘中，涉及民族墓葬的不少，时代也多接近于干河坝石棺葬的年代，但均未发现不使用棺木埋葬的情况。1987 年，熊水富和刘恩元两位老师清理了位于平坝区齐伯乡桃花村的平坝棺材洞，为当地刘姓苗族（歪梳苗）的祖茔。洞内共有棺木 500 余具，大多保存较为完好，棺木形制有船形棺、圆木棺、方形棺、梯形棺、长方形棺、现代棺（大山头）6 种，墓葬年代从唐末至现代。

1987年，贵州省博物馆调查清理了长顺交麻崖墓，发现棺木96具，仅方棺和栓棺，无栓棺放置于井字形木架上。随葬器物有竹斗笠、竹木器，铜发钗、铜跳脱、铜铃，枕、衣、裙、香囊、荷包、鞋，绳纹陶片，陶瓷罐、陶瓷碗，料石器。清理者推测这批墓葬为宋明时期民族墓葬。2004年5月至6月，贵州省文物考古研究所对开阳县高寨乡平寨村的4处岩洞葬进行清理发掘。这些岩洞葬使用洞穴小，埋葬死者数量也少，且洞穴中已没有完整棺木留存，仅剩部分骨骼、随葬遗物及棺木残片。墓葬出土陶釜、骨簪、料珠、穿孔海贝、宋明钱币、铜手镯和条脱。根据出土器物及地方志记载，判断这批墓葬为宋明时期的花仡佬墓葬。从以上三处发掘可知，逝者均有棺木作为葬具。

而这次大松山墓群坟坝顶发掘的墓葬中，其时代最早为两晋，经南朝、隋唐、宋元至明清，其时代和地理位置更为靠近干河坝墓地。从随葬器物来看，除兵器外，同大松山墓群出土器物种类基本相同。

再看看大松山墓葬的葬具出土情况。

坟坝顶 M41 棺板朽痕

两晋南朝时期的张家坟 M4 为南北向长方形土圹竖穴石室墓，墓的上部已破坏，现墓圹长 4.2 米，宽 1.16—1.36 米，墓向 15°。墓室长 3.6 米，宽 0.46—0.76 米。墓室东北角出土四系青瓷罐 1 件，西北角出土铜鍪 1 件，泥质灰陶罐 1 件，南部出土铜饰件及牙齿若干，室内出土铁棺钉若干。

隋唐时期的小团坡 M1 全长 3.72 米，由封门和墓室两部组成，墓向 95°。石室长 2.82 米、宽 0.81 米、深 0.81 米。墓室为券顶，现大部分已塌陷于填土中，仅北部少量券顶保存。墓中出土了牙齿 6 颗，均出土于封门一侧，据此推测墓主头朝向封门。墓中出土棺钉数枚。墓室内出土了戒指 3 枚、串珠 1 串、铁剪刀 1 把、铁构件 1 件。

宋元时期的坟坝顶 M316 为长方形石室墓，墓向 70°，东北部被现代墙基破坏。墓圹呈长方形，东西残长 4.9 米、南北宽 1.7 米。墓室平面呈梯形。墓室内东西长 3.5 米，南北宽 0.68—0.9 米。出土棺钉 6 枚。墓室仅残存头骨、牙齿。出土随葬器物 8 件，其中铜环 2 件、指环 1 件，双耳铁锅、四脚架各 1 件，漆器 2 件，半枚熙宁通宝。

明清时期的坟坝顶 M41 为西北东南向的长方形土圹石室墓，墓向 295°，外圹长约 2.4 米，宽约 1.3 米，深 0.15—0.31 米；墓室四壁为直壁，内部长约 2.1 厘米，宽约 0.67 米，墓葬高度为 0.4—0.42 米。墓内葬具仅见棺木腐朽板灰痕迹，人骨仅存少量下颌骨、牙齿数枚和部分下肢骨。随葬器物仅在墓室北壁下发现酱釉瓷罐 1 件。

根据大松山最新发掘资料，结合早年发掘资料和地方志等文献记载，我们认为古人在埋葬逝者时应该都有葬具存在，因而干河坝墓地石棺葬一说是值得商榷的。

头向和“倒埋”

胡昌国

贵州省文物考古研究所

贵州属于多民族地区，自古以来就有着许许多多奇特的葬俗。松桃云落屯仙人岭上的悬棺，在崖壁上开凿出大大小小的孔洞，使用木桩支撑木板放置棺木，使死者更加靠近天空；赤水境内大大小小的崖墓，汉至唐宋的人们在崖壁内营造他们的地下世界，希望着历久弥新、永世长存；荔波、三都水族的箱式石板墓，则通过数层不同的空间，通体浮雕人物故事，构筑逝者地下的华丽居所；遍布贵州十余县市的岩洞葬，则追求举族聚葬于一起，或许希望通过这种埋葬习俗，让他们能够永世生存在一起……这些在贵州民族发展过程中形成的丧葬文化，就是民族文化绚丽多彩的表现。

除了上述例子，还有目前仅见于史料记载，已经无法再现的一些葬俗。《黔南识略》卷十五“黄平县”载：“夭苗缉木叶为衣，著短裙，女子年十五六，即别构竹楼处外。人死以藤蔓束之树间。”《黔书》“苗俗·夭苗”载：“ 死不葬，以藤蔓束之树间。”《炎徼纪闻》卷四“蛮夷 ”载：“在陈蒙烂土为黑苗，又为夭苗，缉木叶以为上服。女子甫十岁，即构竹楼野外处之，以号淫者。人死不葬，以藤蔓束之树间而已。”《黔南识略》卷二十四“大定府中·六额子”载：“丧亦用棺，岁余合族至墓，祭而取其骨，刷洗至白为佳，囊以布埋之，嗣后间岁一洗，至七度乃止。凡人家有病，则谓祖先骨不洁云。”《黔记》卷三“六额子”载：“亲死时殓之，葬亦用棺。岁暮小之吉则延亲族至墓前，以牲酒致奠，发墓开棺取枯骨刷洗，以白为度，用布裹骨复埋，过一二年仍取骨而洗之，七次为止。遇家人有病，则曰祖先之骨不洁，取骨再洗。所谓洗骨苗是也。”

其实贵州俗语中也有关于墓葬的，如“横苗倒仡佬”的说法，应该是指苗族

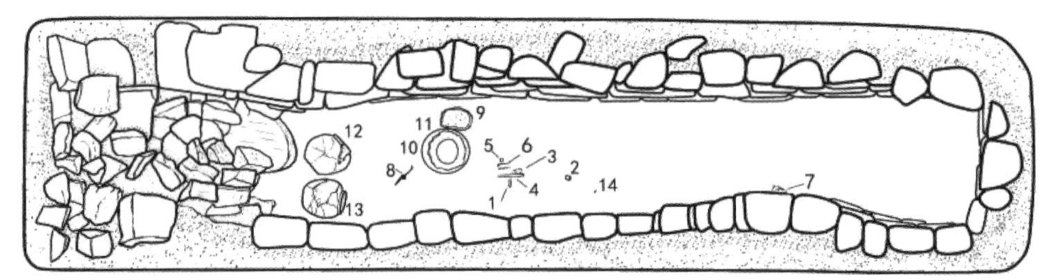

烤烟房 M1

和仡佬族的埋葬方式迥异于汉族。其中的“倒仡佬”，可能是指墓葬头向和汉族相反，但这种埋葬方式不为汉族所接受，认为其会造成严重的后果。明嘉靖《贵州通志》“青山·花仡佬”载：“裙用五色，故曰花仡佬，曰红仡佬。男子旧不着冠，今渐作汉人之服饰。语言侏儺。妇人以布染红作裙，无襞积，谓之桶裙。图考云：……丧葬亦有棺殓，杀牛祭鬼毕，则横葬于上。后有人诱以倒埋，其类几绝。”但真正使用倒埋方式的墓葬，此前在贵州并无具体实例发现。

本次大松山墓群出土墓葬中，虽然人骨多不存在，但根据出土器物及少量遗骸，仍可判断部分墓葬有“倒埋”现象。

小团坡 M1 全长 3.72 米，墓向 95°。墓室土圹东端被破坏，残长 3.72 米、宽 1.55 米；石室长 2.82 米、宽 0.81 米、深 0.81 米。墓室券顶仅北部少量保存。墓中出土了牙齿 6 颗，均出土于封门一侧，据此推测墓主头朝向封门。墓中出土棺钉数枚，葬具应为木棺。随葬品共 6 件，其中戒指 3 枚、串珠 1 串（36 颗）、铁剪刀 1 把、铁构件 1 件。根据墓葬形制，推测其为唐代墓葬。

水库边 M1 全长 3.4 米，由排水沟和墓室两部分组成，墓向 210°。该墓破坏严重，仅存部分墓壁和封门。墓室中部有一排水沟，由封门外延伸至墓室后部，全长 2.28 米、宽 0.11 米。墓室长 3.4 米、宽 1.3 米、残深 0.45—0.6 米。墓内仅出土棺钉 7 枚和牙齿数枚，牙齿均位于近封门处，推测墓主头朝封门。

烤烟房 M1 全长 5.19 米，由封门和墓室两部分组成，墓向 177°。封门由较厚的石块不规则堆筑。墓室长 5.19 米、宽 1.28 米。随葬品有银钗 2 件、铜钗 2 件、铜戒指 2 件、银戒指 1 件、铜发饰 1 件、铁钩 2 件、铁四角架 1、小陶釜 1 件、大陶釜 1 件、陶罐 2 件、串珠 1 颗。4 件发钗均位于封门处，可

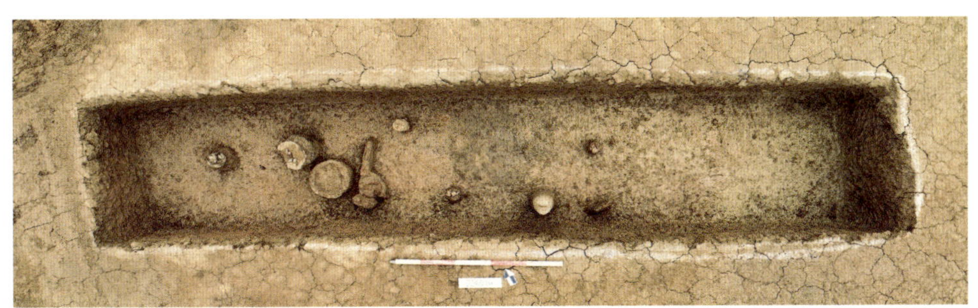

大林头 M88

见其头朝向封门。

大林头 M88 为长方形竖穴土坑墓，墓向 309°。墓室长 4.6 米、宽 0.9 米，深 0.5—0.66 米。未发现葬具及人骨。墓内共出土随葬器物 5 件，其中夹砂陶罐、夹砂陶釜各 1 件，铁发簪 1 件，漆盘、漆罐各 1 件。根据墓葬形制及出土器物，推测其为唐代墓葬。根据出土器物，推测其头朝向西。

坟坝顶 M1264 为长方形竖穴土坑墓，墓向 255°，墓室东部、北壁被石室墓 M141 打破。北壁残长约 1.55 米，南壁残长约 2.25 米，墓室宽约 0.78 米。随葬品共 6 件，其中铁发钗 1 件，锡饰品 3 件，漆盘、漆器各 1 件。根据墓葬形制，推测其为唐代墓葬。根据坟坝顶墓群被葬者一般头向东，发钗出土于墓室东部、头骨上方，锡饰品一般出土于墓室东部、头骨下方的埋葬规律，推测该墓所葬墓主头向西，与多数被葬者头向东的规律不同，可能为“倒埋”。

大松山墓群出土墓葬的头向分别朝向了东西两个不同的方向，这一现象是否代表了墓葬人群的不同？经过详细的统计，我们发现这些倒埋的墓葬年代均较早，而宋元明清时期墓葬由于年代较晚，出土人类遗骸较多，未能发现任何一例“倒埋”的墓葬。针对以上出土情况，我们推测在两晋南朝至隋唐时期，人们埋葬死者时，其头向应该同宋到现代有所不同，这是当时不同的埋葬习俗，同民族成分并无太大联系。而在《大唐开元礼》中，有“诸葬不得以石为棺椁及石室，棺椁皆不得雕镂彩画，施户牖栏槛，棺内又不得有金宝珠玉”的记载。在大松山墓群发掘中出土的唐代墓葬，石室墓占据了较少的份额，似乎与礼制要求有一定的关系。

延续千年的葬俗

胡昌国　　贵州省文物考古研究所

在安顺宁谷东汉墓葬清理的时候，我们发现一种比较有意思的现象，就是在死者墓室后部的一侧，会挖半个坑，然后将一件容器放在里面，或铜鍪铜釜，或陶瓷罐。无独有偶，在大松山墓群的发掘过程中，我们也发现了不少的墓葬有着与安顺宁谷东汉墓葬相同的情况，比较典型的有以下墓葬。

坝坎边 M1，全长 3.28 米，由排水沟、墓室两部分组成，墓向 93°。墓室长 3.28 米，宽 2 米，残高 0.75 米。墓室底部残存少量牙齿、股骨和指骨，葬式不明。中部排水沟两侧可见两两相对的棺钉，推测墓室南壁南侧各摆放一具木棺，因此该墓为一同穴合葬墓。墓葬共出土随葬器物 7 件，有铜釜 1 件、带铁提梁铜盆 1 件，戒指 1 枚，尚在指骨上，蓝色串珠 1 颗，银钗 1 枚。西部靠近南壁出土青瓷钵 1 件，西南角出土陶罐 1 个，高 0.32 米，仅露出墓底 0.15 米，其余部分埋于墓底以下。根据出土器物，推测墓葬年代为东晋。

坝坎边 M1（晋）墓葬情况，墓室后部一侧均半埋器物

水库边 M12，全长 5 米，由排水沟、封门、墓室三部分组成，墓向 29°。墓室内部南北长 2.72 米，东西宽 0.98—1.02 米，残高 0.2—0.56 米。人骨、葬具无遗存。墓葬仅墓室东南角出土 1 件陶罐，半埋于地下；墓室北

坟坝顶 M75 墓葬，墓室后部瓷罐半埋

部和南部各出土 3 枚棺钉；墓室填土出土 1 枚棺钉。根据出土器物及墓葬形制，推测其墓葬年代为隋唐。

坟坝顶 M75 为长方形石室墓，墓向 300°。墓室长 2.7 米，宽 0.78 米，高 0.48—0.64 米。墓中出土人骨一具，残存头骨、牙齿、左右股骨与部分右胫骨。墓葬共出土随葬器物 15 件，1 件酱釉瓷罐和 1 件陶釜出土于墓室前部，1 件酱釉盖罐出土于墓室中偏前部靠北壁处，1 件双系酱釉大罐出土于墓室东北角，半掩埋于地下。铜钗 1 件、铁剪刀 1 件、铁锥 1 件，夹砂陶釜 1 件、漆器 1 件、铜片 2 件、铜戒指 2 件、铜手镯 1 件、饰品 1 件及料珠若干则多位于墓室中部。

这种丧礼究竟是什么，暂时我们还不知道。但通过上面的例子可知，其使用时间很长，始于东汉，经两晋隋唐至明代依然在使用，其使用空间也尚不明确，至少在西至宁谷、东至马场这一片范围中有出现。纵观中国古代丧礼，春秋时期以《礼记》作为主要的丧葬礼制，步骤有敛衾、复、楔齿、缀足、帷堂、设饰、饭含等葬前丧仪，以及停尸待葬期间的哭位、朝夕奠等，出葬时执绋、赙、窆、奠祭等。魏晋时期则多沿用汉代礼制要求，唯战乱时期多从简便。唐代则使用《大唐开元礼》，制定了更为繁复的六十六道丧葬程序。宋代则使用《政和礼》作为主要的殡葬要求，同时还有如司马光的《仪礼》、朱熹的《朱子家礼》等一些著作对丧礼的步骤进行详解。而明代的丧葬礼仪则主要依据唐宋时期的礼仪要求，形成了一套更为繁复和等级分明的规定，从葬地、葬具、碑碣、出殡、饭含物等方面严格区分官民，对庶民丧葬的衣着、饭含、铭旌、棺、漆、志石、茔地均有具体规定。从上可见，丧礼是很复杂的事情，在古代应该属于专门的学问，不是也不需要每一个人都了解和熟识。就如同现代的葬礼一样，由较为熟悉丧葬礼仪的人来操持葬礼，事主和亲戚多是按照话事人的要求来进行相应的步骤，完整地完成整个丧葬的过程。至于这次丧葬是否符合古代礼制的要求，需要对丧葬礼仪更为了解的人来判断，而这在资讯传播困难的古代社会是一个相当大的困难。故此，我们推测，在大松山区域使用的丧葬礼仪与同时期的中原的具体规定有很大的不同，甚至从汉晋以来就没有相同过。相反，早期的一些丧葬礼仪通过口口相传遗留了下来，千年来沿袭如旧。所以在明代墓葬中出现了同东汉墓葬埋葬就相同的一些葬俗也就可以理解了。

魂归何处

胡昌国 贵州省文物考古研究所

《孝经》“身体发肤，受之父母，不敢毁伤”及《荀子·礼论》中“事死如事生，事亡如事存”的态度，说明古人对于身体极为爱护，即使死亡后也希望能够永世不朽。汉晋之前天子诸王使用玉衣，不够档次的则通过口含的珠玉来保证其形体不朽。就如《白虎通·崩薨》所说的，“所以有饭含何？缘生食，今死，不欲虚其口，故含。用珠宝物何也？有益死者形体”，对于死者，既要保证其不做饿死鬼，也要保证其形体永固。

贵州不同于西北干旱之地，能够因水分的快速蒸发而保存有大量的干尸，也很少有因密封条件好保存下来的湿尸。但是机缘巧合下，还是有玉屏塔坡明墓和思南张守忠墓这些保存尸体较好的明代墓葬，而清代墓葬中保存有较好尸体的，还是屡有得见。2003 年，贵阳盐务街的一处建筑工地，发现一处保存极好的清代棺木，由现任贵州省博物馆馆长的李飞带领赵红坤和陆永富进行发掘。女尸保存得很好，但没有什么随葬器物，仅 7 套衣物。清理后在吃中餐时，有一道炒蜻蜓蛹，其味道同女尸的气味相似，让参与考古发掘工作的人员一周食欲不振。

今年是贵州开展考古发掘工作以来第七十个年头，从我自己经历的发掘工作情况来看，出土人类骨骼的数量极少。贵州本身是酸性土壤，对于有机质的保护情况不利，一般年代久远的墓葬，通常都不会保存多少人类遗骸，只有接近钱币或者戒指、手镯等文物的骨骼，才保存得稍好，因为铜原子会有助于遗骸保存——也可能跟我们之前发掘的墓葬数量不多有关吧！而这次大松山墓群的调查就发现了六百余座墓葬，可以预期出土较多的人类遗骸。贵州医科大学法医学院黄江书记在调查报告论证会后的第一时间就联系了考古所，希望通过对大松山墓群出土

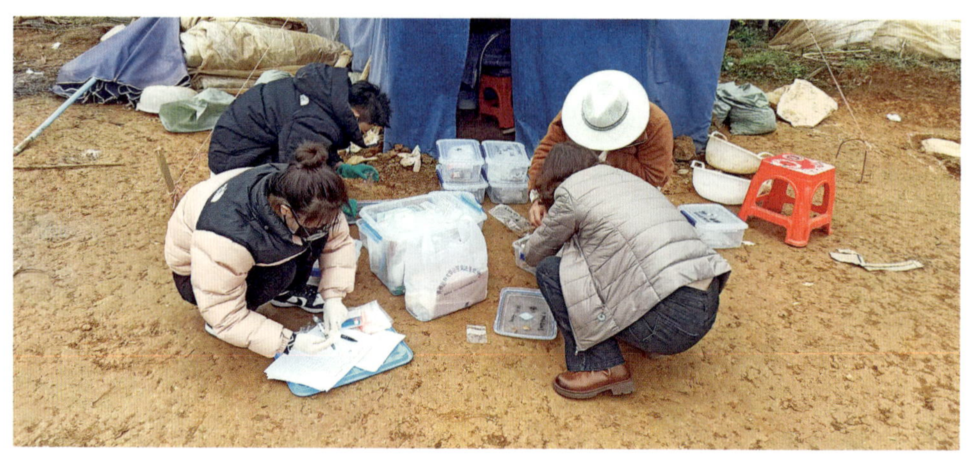

工地现场采集人骨

人类遗骸进行 DNA 等一系列的研究。之后不久，在考古所开了一场视频会议，贵州考古所、贵州医科大学法医学院、厦门大学人类学研究所达成大松山墓群出土人类遗骸的相应研究协议。

会后不久，一个合作契机就出现了。2022 年 6 月 29 日下午，在贵阳苗坟坡进行管道改造建设时，发现了一具密封完整的棺木，经过对棺木外形的观察，联系贵州清代墓葬出土情况，推测棺木中古尸有可能保存较好。同贵州医科大学法医学院协商后，决定将其运往法医学院后再打开棺木，如果有古尸就可以就地保护，且 DNA 采样等研究条件更为成熟。7 月 1 日上午开棺后，遗憾的是，虽然棺木外观及密封条件不错，但棺内的尸体还是腐朽了，棺内也没有什么随葬器物，法医专业师生们对它进行了采样，成功提取了 DNA，也是一件幸事。

大松山墓群发掘一个多月后，出土人类遗骸的情况并不理想，但考虑到墓葬的数量远较我们钻探时确定的数量为多，在省文旅厅举办贵州省钻探技能选拔赛期间，四川大学考古文博学院原海兵老师、复旦大学科技考古研究院胡耀武老师也来到大松山考古发掘现场，并同考古所就墓葬出土人类遗骸进行体质人类学和同位素研究达成协议。

截至 2023 年 1 月，大松山墓群出土人类遗骸近 400 具，数量远远超过我们的预期，出土遗骸多数仅剩少量牙齿、肢骨，但依然是贵州出土古人类遗骸最多的一次。发掘期间贵州医科大学法医学院、四川大学考古文博学院多次来到现场取样，也对部分保存较好的人骨进行了 CT 扫描。目前根据相关数据，已有少量研究成果。

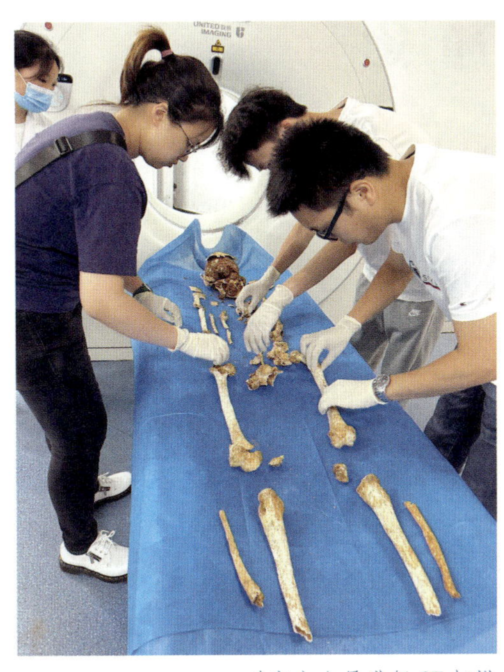
对出土人骨进行 CT 扫描

从大松山墓群墓主的性别而言，男性数量略少于女性；从死亡年龄而言，14 岁以下夭折者占 27.87%，15 岁到 35 岁死亡者占 42.21%，36 岁到 55 岁死亡者为 29.10%，而 55 岁以上死亡者仅仅 2 例，占比 1%。可见，坟坝顶墓群中大量的小墓葬，应该就是当时未成年人的墓葬。与平坝棺材洞中大量的小棺木一样，这同古代医学落后，大量未成年人夭折的实际情况相符。

通过对大松山墓群出土人骨和牙齿进行的稳定同位素分析，可了解该人群的饮食结构、生活方式等信息。数据显示，该人群主要以 C_3 类食物为主，同历史时期贵州地区广泛而较为发达的稻作农业相关。但有少量个体显示 C_4 类食物信号（可能与粟、黍等新兴农作物有一定关联），这一数据与我们同中科院古脊椎动物与古人类研究所合作进行的大松山墓群出土器物残留物分析的实验结果相同。

目前大松山墓群出土古人类遗骸的 DNA 数据不多，从得出的有效数据看，该地人类 DNA 属南方汉族和苗族的可能性较大，但大量数据出来后，可能会有一定的变化。而大松山墓群虽然出土了较多的古人类遗骸，但并不是每一座墓葬都有出土，且这批数据中，有效数据的数量比例也是靠近分析准确度的重要因素。只有更多地分析数据，才能更贴近大松山的真实面貌。

通途

胡昌国　　贵州省文物考古研究所

贵州地处云贵高原东北侧，地貌多为喀斯特丘陵山地，自古就有“天无三日晴，地无三尺平，人无三分银”的说法。地理环境对于社会发展的影响极大，千百年来，贵州的发展极为封闭，“大杂居、小聚居”的环境让我们可以感受到贵州多彩缤纷的民族文化，但是这些同隔绝于世的地理环境有着极大的关系，各民族在这种并不能完全自给自足的环境中艰苦地生活，勾勒出灿烂的文明之花。记得刘恩元老师曾经告诉过我，很多山村的人们隔着山谷说话都可以听见，但约着去对方家里吃个饭却要走一天。王新金老师也曾讲过，她和博物馆的蔡会阳老师一起调查一个洞穴遗址，遗址堆积非常地好，就是一去一来就得走两天多的山路。而今天我们在贵州全省发现的数百处新旧石器时代洞穴遗址，代表了旧石器时代晚期和新石器时代人类的顽强。

其实从古至今，交通问题一直是中华民族发展中的重中之重，从古诗中可见一斑。宋陆游的《村舍》：“空谷人稀到，新寒病顿轻。晨霜催小猎，宿雨润新

在光照发掘时的古驿道近景

在光照发掘时的古驿道远景

在北盘江发掘时通过的桥梁

耕。草莽秦驰道，云烟越故城。千年不磨灭，惟有暮山横。”唐皮日休的《汴河怀古（其二）》：“尽道隋亡为此河，至今千里赖通波。若无水殿龙舟事，共禹论功不较多。”秦驰道和大运河对于华夏开发都具有极为重要的作用。

贵州古代的交通如何？《史记·西南夷列传》中提到的西南夷君长以什数，其中夜郎最大。这些早期聚落或小国也许符合老子提倡的“小国寡民”思想。但从考古发掘出土的文物看，他们肯定同外界有着一定的贸易往来。这一时期的道路系统我们尚未发现，但稍晚些时候的南夷道和交错的六水必然是极为重要的交通要道，承载了千年以来人们的生存发展之需。而唐宋时期东西向的交通要道同样重要，近似于十字交叉，沟通了人类的发展。从清代沈丙莹的长诗《奢香驿》中，我们就能够看到交通对于贵州地区政治、经济等方面的重要作用：“秦开五尺道，牂牁汉内属。唐蒙斩令头，星邮远相续。爨瓒一窃据，千载沦蛮服。明祖纡远略，鞭棰森都督。奢香诉君门，九驿为君筑。遂令龙场路，使节通巴蜀。缅想经营初，锦袍亲督促。一曲西溪水，曾照人如玉。宣慰绪勿延，明社嗟已屋。惟兹旧驿亭，香名永芬馥。奢香树边功，良玉拥戎纛。天生奇女子，争辉二申录。”

贵州南夷道，将西南纳入了中原王朝的视线，两千年来，在它的线路上所发现的古城、遗址、墓葬，是我们研究贵州汉代文化的重要财富。在修文、大方一带调查时，曾经看过奢香九驿，虽然现在已经没有了交通要道的作用了，但是在六百年前，这是贵州彝族地区同外界沟通的最重要的通道。我们在考古调查时，是对贵州古代甚至现代的交通感受最深的时候。往往调查山谷中的一个文物点就是一天时间，很多时候甚至没有收获。其实这是很正常的，记得所里的胡桂祥师傅曾经说过，他们早年开大车的时候，通常都是几天的路程。在 2005 年我们去沿河发掘的时候，在路上就花了 14 个小时。可见，即使是在交通相对发达的现代，我们的通行时间也相当的长。我在修文调查时曾跟随文管所的同志们看过龙场九驿，在光照电站发掘时也曾在附近山上看到明清时期的古驿道，规规矩矩的青石

玻璃珠饰（筒形珠，南朝）

青瓷四系罐（两晋）

青瓷六系罐（隋唐，广西梧州产）

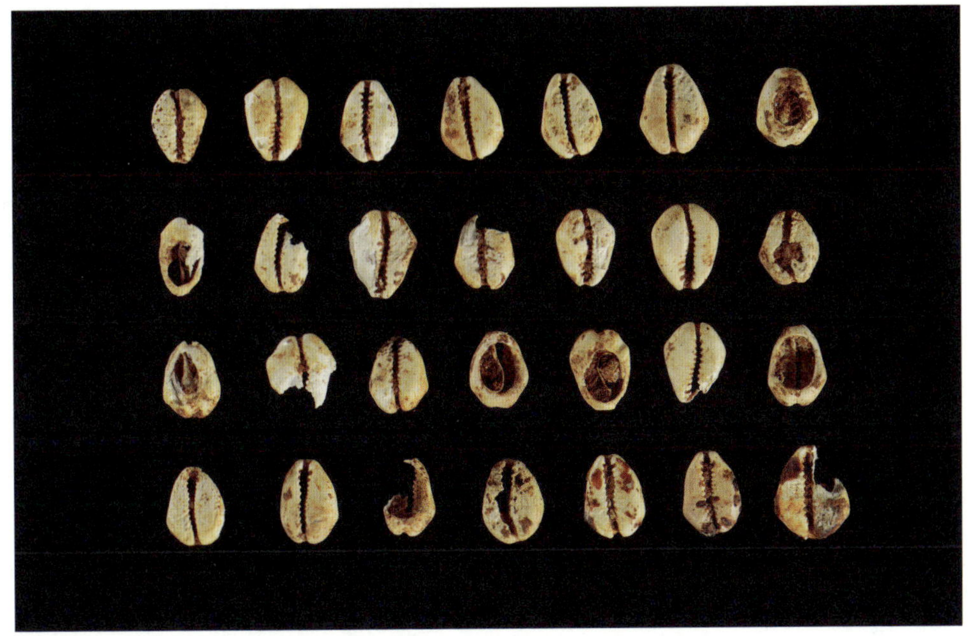
穿孔海贝

铺就的五尺道，环山延伸至极远处，虽然现在已失去了它重要交通通道的作用了，但是在古时候能建设这一工程就是相当了不起的事情。

2003 年玉凯公路的调查工作，既是我参加工作以来的第一个调查项目，也是贵州一系列交通基建项目的开端。2003 年之后的 20 年，紧随玉凯之后，镇胜、汕昆等高速公路的建成，不仅让西南边陲之地同华夏腹心之地的连接更加紧密，也让整个贵州县域之间的交通变得极为方便。2005 年我们去沿河发掘遗址，从贵阳出发到沿河县城历时 14 个小时，如今也就 5 个小时左右。之前去凯里要 2 个小时，现在坐高铁也就半个小时了。可见这 20 年是贵州发展变化最快的一段时间。前段时间翻老照片，看到同事们 2005 年在北盘江发掘的时候，住在河滩上，来往都是依靠一条原木搭成的简易桥梁，尤感社会进步之大。

在大松山墓群的发掘过程中，出土了四千余件文物。其中两晋南朝时期的筒形玻璃珠就来源于东南亚或者印度洋区域；M1301 和 M1302 这两座明代墓葬中出土的穿孔海贝被放置于头部作为装饰品，它们也是来自东南亚或印度洋的，应该就

元青花劝盘劝盏一组（元，景德镇产）

青花寿字碗（晚明，景德镇产）

是南方丝绸之路或者别的古路带来的域外商品，通过它们可知这一条对外交通线路从两晋到明代都还在使用。另外，在墓葬中出土的众多青瓷器、青花瓷器、玻璃珠等文物，来自广西、江西、浙江、山东等地，代表了贵安新区在历史时期的商业繁荣和作为贵州商业中心的特殊地位，说明贵州虽然地理条件较为封闭，但是在历史上依然是交通枢纽之一。

当我现在开车穿行在贵阳和贵安新区之间，不到一个小时就可以往来于工地和家时，感觉那些双向八车道的宽阔大道，宛如连接古今的历史长河一般，承载着古往今来的岁月变迁。脑海中想象着古人的不易，感受着今天的便捷，更能够意识到当今社会发展的日新月异。

用初遇代替赴约

李佳骏 四川大学考古文博学院

初遇和赴约的心情是不同的。初遇是出乎意料的新鲜，赴约是揣着期待的快乐。在大松山墓群，我常念叨着王一通写的诗："水滴是云里被冲散的鸟群，腮借给树的呼吸。路过的人满心期待，舒展羽毛，耳畔厮磨，相互捏合形状。用初遇代替赴约。"对我来说，有幸到大松山墓群参与发掘工作，既是赴约，也是初遇。

杨师兄也是。我问过杨师兄一个问题：为什么学考古？杨师兄说："小时候，在我家附近的田间地头，我就看到过许多奇怪的玻璃珠。大人告诉我们，这是古代的苗族的东西，藏着蛊术，千万不能碰到。所以那时我们一群小孩都有点怕，躲着这些东西。后来长大了，我就越来越想知道这些珠子到底是什么东西，为什么出现在那里，还有小时候看到的那些石头堆到底是什么，我想把我小时候看到的这些不明白的都搞清楚。所以后来我学了考古。"世间所有相遇，都是久别重逢。师兄是贵州平坝人，他所说的小时候看到的珠子，和大松山墓群出土的很像。2022 年 7 月，他初至大松山墓群，在大量石室墓被揭露后的某一天，一颗玻璃珠脱离泥土映入他的眼帘，我知道，师兄与儿时疑惑的他赴约了。

10 月，杨师兄已经在大松山墓群工作了 3 个月。16 日下午 4 点，我从成都出发，坐上了前往贵阳北站的 G2823 次列车，想象着 5 个小时后即将到达的地方——贵安新区大松山墓群。

贵安新区，是国务院于 2014 年 1 月 6 日批复成立的中国第八个国家级新区。《贵安史迹：贵安文物资源调查报告》中写道：贵安新区地处黔中腹地，是典型的喀斯特地貌地区，地貌以丘原盆地为主，低矮的岩溶丘陵与开阔的溶蚀盆地和峰林盆地交错分布。境内河网密布，水源丰富，土壤肥沃，是贵州境内地势最为

大团坡 M2 场景 1

大团坡 M2 场景 2

大团坡 M2 场景 3

平坦、生态环境最为优越的地区之一。由于其独特而优越的自然生态环境和区位优势，在历史的各个阶段都留下了大量的物质文化遗存。

大松山墓群，起初叫“贵州医科大学新校区一期建设项目用地考古”，是刚发掘不久的考古工地。当我还在学校的时候，就听到了来自这里的一些信息，说这里有一批两晋和六朝时期的墓葬。为了提前有所了解，我查找了一些贵州地区魏晋南朝时期墓葬的资料，发现资料很少且年代久远，相关墓葬的工作主要开展于 20 世纪 50 至 60 年代：① 1957 年 2 月至 3 月，贵州省博物馆在平坝县尹关清理了 4 座南朝时期墓葬。② 1957 年 3 月，贵州省博物馆在平坝平庄乡、夏云乡等地清理了墓葬 11 座，是东汉和六朝时期的墓，无详细信息披露。③ 1958 年 12 月至 1959 年 4 月，贵州省博物馆在清镇、平坝等地发现了约 300 座古墓，多分布于羊昌河的两岸，重点发掘了自汉至宋墓葬 140 座，但公布资料不多。④ 1965 年底至 1966 年初，贵州省博物馆在平坝县马场附近发掘了古墓 34 座，其中含东晋时期 2 座土坑墓和南朝时期 14 座石室墓，这批墓分布于马场万人坟、熊家坡和大松山三个地点。故此感受到了这处墓地的重要性，未曾想到的是，几个月后极大体量的唐宋至明清时期的墓葬的相继揭露，仍刷新了我的想象。

大松山墓群经历过1965年的一次发掘，清理出一批六朝墓及宋明墓，其分布面积仅200平方米。1981年，大松山、熊家坡、坟坝脚等地点的六朝墓被合称为“马场六朝墓”，列入平坝县县级文物保护单位。直至2023年初，大松山墓群才更全面地展现在了我们和学界面前。

我就是带着这样的粗浅了解，怀着即将参加考古工地的忐忑心情出发的。10月已入秋，但西南的暑气还未完全消退，傍晚6点，黄昏笼罩着大地，夜幕就要降临，飞驰的G2823次列车如一道白色的流光在暗处缓慢划过。据了解，成贵高铁全线开通运营的时间是2019年12月，全长632.6公里，全线有隧道183座、桥梁365座。随着车窗外熟悉的平原隐没于车尾，黄昏下，车窗外闪过沉默矗立的山峦，闪过欢腾的水流，闪过几处人类聚居区，散发着丘陵地貌的乡野气息。隧道相接，忽明忽暗之间，令人感到一阵时空交错的昏沉，恍惚中仿佛置身于南夷道。汉武帝时，开“西南夷”，置犍为郡，“发巴蜀卒治道，自僰道指牂牁江”。播报声宣告着列车经过了眉山站、乐山站、犍为站、宜宾西站①……携带着历史的余音，过去与现实再次重叠。就这样，在穿过了第183座隧道之后，我初遇了贵州。

但这并不是我第一次参加考古发掘。初次进入考古工地进行发掘工作的人一定会感到兴奋，这是我的经历告诉我的。2018年夏天，借由参与大学生创新活动的契机，我第一次进入成都文物考古研究所的库房，看到了一些拼合完整的动物骨骼和一堆零碎的陶片，我当即兴奋地拍照告诉同学道：“此为神秘的考古所。”那样的兴奋感至今难忘。2018年10月，当我和同学在云南剑川海门口遗址第一次参加发掘时，每个人都能看到彼此发光的眼睛。第一次布设探方那天，有人写道：“远山如黛，未收割的稻田一片金黄。我们抱走玉米秆，除掉杂草，大家布方啦！”第一次看到田野的星空那天，又有

① 乐山市在古代属犍为郡嘉州，而后经过的犍为站，在乐山市犍为县境内，宜宾则是在汉时所称的僰道县。

乌云笼罩下的大松山

人写道："田野考古会遇到什么呢？有指甲缝里洗不净的泥土，也有天台上无数星星组成的银河，辛苦却浪漫。"所以，"田野考古是相片，是温柔，是和所有讨人喜欢的东西在一起。田野考古是这些东西组成的"。

我知道，这些行为和想法在成熟的考古人眼中或许显得幼稚、可笑或可爱，不过不成熟也不见得有多坏。就像张光直先生在《美术、神话与祭祀》的自序里谈到的，"正是因为它是不成熟的，也就是最为年轻的……因为它不成熟，它更有进一步大幅成长、开花、结实的机会，也就像人在青年，如果努力修习，更可前途无量"。我们都会逐渐成长，并学会通过考古学的眼睛来认识世界，这是每一位考古人的必修之课。考古人用各种物质遗存构建了一部独特的物质历史，考古新发现又不断丰富和更新着它。当然，考古学还"解释过程"，也试图构建人类史演变的一般性原则，抑或解读更为主观的人类个体行为等。可以说这是考古学的专业知识基础可以做到的事情。葛兆光在《人文学科拿什么来自我拯救》中讲："必须区分作为知识专业的人文学科，和作为良心及修养的人文精神；必须区分经由严格训练而成的专业学术，和仅凭热情和模仿而成的业余爱好……只有这样，大学人文学科和人文学科的研究院，才能明白自己的职责所在。"于我而言，很长一段时间，对此是不明白的，时过境迁，在终于明白了要"守住专业的底线"之后，那些充满了活力和生机的旧心情并没有被成熟替代。所以当考古工地的神秘不再，我仍希望在大松山墓群找到初遇考古的感觉。

我正式参与的发掘工作就这么开始了。10 月 17 日，杨师兄安排给我在大松山墓群的第一项工作——带着 3 个工人清理大团坡 M2。这个时候大松山墓群的重点清理地点在坟坝顶，我每天就和工人一起从坟坝顶出发，穿过一片小树林，经过大松山水库，大概不到十分钟的时间，走到大团坡地点开始清理墓葬。清理之前，我们拉上了警戒线以防止人员不慎跌落。大团坡 M2 保存完好，规模较大，在发掘中也遇到了一些问题。比如在清理过程中，发现墓壁已经向墓内倾斜，为了防止坍塌，我们就在附近找了一些树干来支撑墓壁。为了防止下雨导致墓内积水不便清理，取掉墓顶后，我们每天都用塑料布盖住墓葬开口，并在墓内用树干撑住塑料布，以免因塑料布中积水太重而压垮墓壁，然后用石块压住塑料布外围。

发掘时，我们发现墓内泥土特别黏，手铲和小锄头使用一会儿就会粘住，再往下挖，发现原来是因为墓内基本布满了蚂蚁巢穴，再加上此前有过地质勘探，打了深洞，灌水所致。而现在的墓内积土高度直达墓顶，但其实积土内部充满了空洞，里面全是一包一包的鸡枞。我不认识，杨师兄看到后，给我讲起了关于“蚂蚁种植菌类”的故事，他说：“我看过一个关于蚂蚁的纪录片，推荐给你看。总之，蚂蚁内部分工很明确。你看这些洞相互连接，四通八达，都是蚂蚁修的高速路。你看这么多还没有长出来的鸡枞，其实蚂蚁是可以专门种植这些菌类的，它们还可以用唾液施肥，纪录片里还说蚂蚁可以放牧。”

大团坡 M2 场景 4

杨师兄说起的这些稀奇事很吸引人，所以我很喜欢找杨师兄聊天。在从坟坝顶前往大团坡的路上，看到的植物，杨师兄都可以一一讲解，“这个是枸杞，这个是雪莲果，这个是阎王刺……”吃饭的时候，杨师兄可以

大松山雪景

从家常菜讲到各种奇怪野味，让大家了解到贵州的美食。他还和我讲了关于姓名和取字的讲究和趣事。除他之前讲到的他考古的初衷及大松山墓群给予的回应让人印象深刻外，他的很多言论都给人以启发。有一次，我问他对一些学术研究很艰深而公众却很难了解的情况如何看待，师兄说："你看过张岱的《夜航船》吗？序中说：'天下学问，惟夜航船中最难对付。'你想，一艘船行驶在夜晚的海上，僧人道士、富商大贾、达官贵人等形形色色的人物在船上闲谈消遣，他们所言的内容就是世间所有的学问。做学术不是建空中楼阁，而要落到实处。"接着师兄就讲到了《夜航船》序中"昔有一僧人，与一士子同宿夜航船"的故事，所以之后那句"且待小僧伸伸脚"，就成了那一段时间我们表达自己意见的口头禅。

像川端康成在"凌晨四点醒来，发现海棠花未眠"一般，这些相似的日子对于考古人来说是那样地平常，只有在"凌晨四点"，这些平凡日子中的思想，才像未眠的海棠花，突然映射在我的脑中。

大团坡 M2 的清理时间完全超出了最初的预计时间，直到 18 天后，记录表上终于填写上了这一段话："大团坡 M2 于 2022 年 10 月 17 日清理表土完毕。10 月 18 日开始发掘，先确定墓圹范围，随后开始清理券顶。解剖券顶后，开始清理墓内积土，自上而下逐层清理直至墓底。最后再清理排水沟。至 11 月 3 日发掘完成。历时 18 天。"

18 天过去了，紧接着，90 余天也一晃而过，大松山墓群发掘基本完成于 2023 年的 1 月。考古并不像电影一样简短有力，也没有那么多跌宕起伏的故事，更像是生活，过起来一天就是一天。《局外人》里写道："日子，过起来当然就长，但是拖拖拉拉，日复一日，年复一年，最后就混淆成了一片。每个日子都丧失了自己的名字。"不过这 90 余天，我却是一天一天过的。当考古作为职业，成为生活，若是再将日子混淆成一片，那就丢了初遇的心情。杨师兄不赴儿时之约，我不向往考古的神秘，也发现不了未眠的海棠花了。还好，大松山墓群始终吸引着一批一批前来实习的考古生和来参观交流的考古学者和公众，他们也在这里初遇着，赴着各自的约。

2023 年 1 月，贵安新区下了一场雪，宣告着大松山墓群发掘工作基本完成。十分幸运的是，新年过后我还将参与大松山墓群发掘完成后的后续整理工作。2023 年 1 月 17 日清晨，当我坐上从贵阳北到成都东的返程列车时，我知道我会再次来到这个地方，赴一场大松山墓群之约。列车朝着远离贵州的方向行驶，我开始期待 2 月春天我与大松山墓群的第二次相遇。

墓葬的故事

禹贵强　　贵州民族大学民族学与历史学学院

2022 年 12 月刚迎来寒假，便突然收到学校的通知，有兴趣参与贵州大松山考古的同学可以进行报名。消息一出，吸引了一大批学生报名，而我也不例外，欣然而往。一方面，作为文物与博物馆专业的学生，能够有机会参与考古发掘之中是一件十分荣幸的事，可以通过实际的操作去理解所学的知识；另一方面，受疫情的影响，已经在学校待得太久，能够去考古工地看一看不一样的风景，何其幸哉。报名之后便开始收拾行李，来一场说走就走的实习。12 月的寒冷仿佛想冻结一切，却冻不住我那一颗激动的心，这是我第一次参与考古发掘。在此之前，对于考古的认知还停留在多媒体和书籍之中，感觉考古是一件非常有趣的寻宝活动。由于没有经历过实践，对考古既熟悉又陌生，总有一种纸上谈兵的感觉，十分地不真实，这一次终于可以走进考古，感受考古的生活了。

我们开局的装备是一把手铲、一把小锄头、一个塑料簸箕。未开刃的手铲很钝，所以在使用的过程当中十分地吃力。在老师请民工叔叔们帮忙对手铲开刃后，它在使用的过程中变得顺畅，有一种神兵利器的感觉。而结束一天的发掘之后，我们又获得了一个笔记本和一个卷尺，用于记录每天的发掘和测量数据。还学习了罗盘的使用方法。两天的发掘后，我完成了第一座墓葬的发掘，遗憾的是并未发掘出随葬器物，而一起参与发掘的同学很幸运，发掘出了随葬器物。部分随葬器物由于历经岁月的洗礼，变得十分脆弱，此时就可以使用竹签和毛刷进行精细地清理，防止二次损坏，这又增加了我们技能的深度和广度。但是在工地上使用这些工具清理墓内的随葬器物真的很辛苦，在 12 月的寒风肆虐下，为了清理时能够掌握好力度，不能戴厚厚的手套，只能蹲在墓坑里面展开清理，那种感觉真

大松山墓群土坑墓的密集分布区

的是一言难尽。

墓葬的绘图也是发掘者必须掌握的技能，新的装备已然到货，铅笔、绘图纸、画板、细线、橡皮、水平尺、夹子、尺子，一应俱全。虽然我们并不是美术专业的学生，但在老师们的帮助下，我们很快学会了如何绘制一幅墓葬平面图，收获颇丰。绘图结束之后便是拍照记录，此时又出现无人机、号牌、指北针、标杆、比例尺，这些则属于共用物品，但学习它们的使用方法也是我们必须掌握的技能。

考古真是一门烦琐的工作呀！出土的器物经过了各种测量和数据采集后，激动人心的器物提取也没有我初想的那样简单，不同的材质和保存情况需要不同的提取方法，其中漆器、软陶、铁器的提取都需要用到套箱。这些套箱都是根据器物的大小，用木板现场制作而成，将做好的套箱覆盖在漆器之上，然后用泡沫填充剂进行填充，防止器物发生碰撞而受到损坏。器物的提取过程中会使用铁丝或探铲从器物的底部进行分离。质地较硬、较完整的器物可以直接提取，外面用保鲜膜进行缠绕，而较为破碎的器物则直接装入塑封袋，其中较小、较珍贵的物品可以直接装在塑料盒之中，每一件器物都需要用器物登记标签做好标记。

发掘的第一座墓葬并未有所收获，看见别的同学收获满满，内心还是无比地羡慕。黄天不负有心人，终于在下一个墓葬之中发现了随葬器物。在一层又一层地清理填土时，一个十分突兀的黑色小点出现在视野之中，刚开始还以为只是填土之中的炭渣，并未引起重视。随着黑点的扩张，逐渐汇集成为一个圆圈，此时才恍然大悟，原来是发现了随葬器物。这个发现让我十分激动而又无所适从，为

墓葬中出土的漆器

了不对随葬器物造成破坏，只能求助于考古技能更为熟练的民工阿姨帮忙进行清理。随着填土不断被清理，一个陶罐终于展现出了其面貌。按照陶器清理保护的要求，保留器物内的填土，仅仅清理干净罐外附着的填土。不知道考古所的老师们在他们的人生中第一次发掘出土器物是什么感觉，但是此时墓内的陶罐若隐若现，极具神秘感，被黄土埋葬多年之后终于重见阳光，这是历史与我们的对话，是我们了解古人的媒介，具有重要的价值。对于我而言，则是参与考古发掘的第一次收获，极具纪念意义。

不时出现的随葬器物给予我们无限的动力，让我们总是期待着下一个惊喜。墓葬的清理如火如荼。12 月的贵州，刺骨的寒风肆意地袭击着外出考古的工作人员，妄想阻止大家奋斗的步伐，却不知众人怀揣着对考古的热情奋勇前进。随着考古发掘的不断进行，我们的收获也越来越丰富，除了陶罐，还清理出了瓷罐、漆器。但是我所收获的随葬器物相对于其他同学就单调了许多，他们还发现了瓷瓶、瓷碗、铜币、铜发钗、珠子等，这类物品更为精美。

在大松山墓群的辽阔土地上，遍布着一座座古老而神秘的古代墓葬，它们交织成一幅幅寂静的画卷，如同默默叙述着过往岁月的史诗。走近这些无言的墓坑，仿佛迈入了一个古老的秘境，里面沉睡着先辈们的灵魂，也承载着他们为这片土地奋斗建设的身影。墓虽朴素，却寄托着古代人们对死亡的敬畏之心。它们低垒而成，充满着自然的朴素美感，如同大地的微笑，与周围的自然景观和谐共生。

先民的墓葬都犹如一个小小的宇宙，它们三尺见方，浑然天成，深深地植根于土地之中，仿佛是大地母亲为先辈们铺设的温暖怀抱。墓的上方被蓝天白云包围，云朵像棉花糖悬浮在高空，为这片土地镀上一层梦幻的颜色。阳光穿过云层洒下来，一缕缕温暖的光芒照耀在土坑墓上，散发着舒适与安宁。在这一刻，时间仿佛被凝固，墓地中似乎弥漫着一股祥和的气息，让人的心境也随之静下来。

墓的四周环绕着参天大树，树枝交织成幽静的拱廊，仿佛是大自然为墓地搭建的庇护之所。树叶翠绿欲滴，轻轻摇曳着，伴随着微风的拂动，发出一阵阵轻柔的沙沙声。这些伟岸的大树无私地为墓地提供绿荫，守护着先辈们的长眠之地，它们是历史的见证，也是永恒的守望者。

这里的每一个墓葬都有着一段往事，墓主或许是一个勇敢的战士，或许是一个智慧的学者，或许是一个充满爱心的母亲，他们可能没有耀眼的可与人言说的辉煌岁月，但是作为这一片古老土地发展的亲历者，他们以他们的方式，向世人述说着古老历史的辉煌篇章。这些墓葬承载着古人的智慧与情感，聆听岁月的悄悄话语。它们以自身为媒介，打破时光的束缚，与后世连接在一起。作为过去与现在的纽带，它们永远活在时间中，将古人的生命与精神传承下去。

大松山墓葬的静谧和神秘，是大地对生命的怀抱与回归。它们屹立于时光的长河中，见证着岁月的更迭，弘扬着古人对生命和永恒的执着信仰，让我们可以感受沉静而深远的土坑墓的魅力，与先辈们默契共舞，在时间的河流中铭刻永恒的故事。

奇妙的旅程

禹贵强　　贵州民族大学民族学与历史学学院

大松山墓群，一片静谧而富饶的土地，经过多年的等待与守望，终于迎来了考古发掘的时刻。探寻者们踏入这片沉睡千年的土地，他们心怀敬畏与激动，期待解开历史的面纱，触摸古人的足迹。发掘的第一铲土，即似时光的门扉被轻启，向世人揭示了大松山墓群的魅力与秘密。当每一件随葬器物重见天日，古文明的华彩重新绽放，仿佛一幅幅宏伟而悠久的画卷在眼前展开。大松山墓群中的墓葬众多，宛如一座座历史的宝库。古代人民用心构筑的墓穴见证了时光的流逝，而其中的随葬器物则是真实的见证者，它们承载着古人的思绪与记忆，为我们打开了通往古代的时光之门。

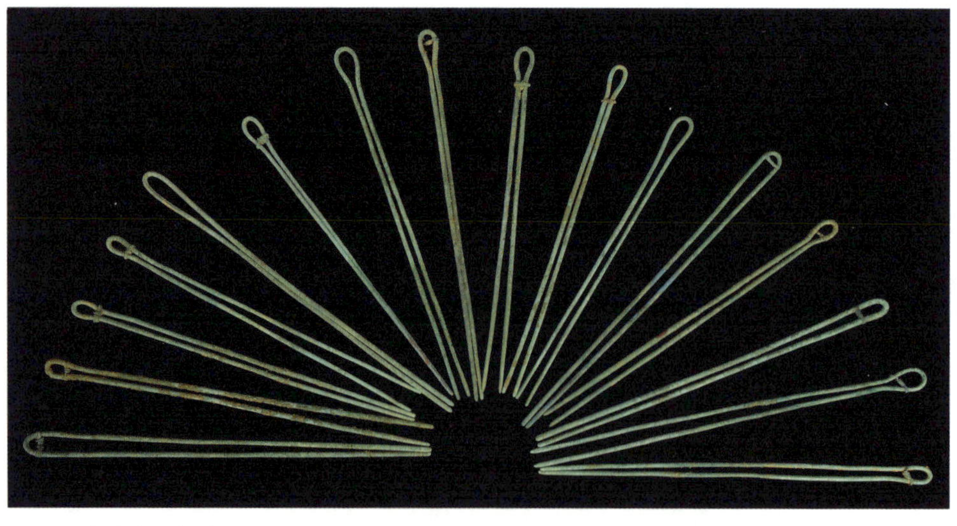

大松山墓群出土铜发钗

大松山墓群出土陶器

大松山墓群的考古发掘是一次穿越时空的奇妙旅程，每一片发掘的土地都令人瞩目，每一件随葬器物都让人陶醉其中。这些发掘的成果让我们更加了解古代西南地区的文明成就与历史渊源，也让我们感受到了古人的喜怒哀乐。大松山墓群的发掘是对历史的致敬，是对古人智慧和努力的敬意。在这片活化了历史的土地上，我们与古人相遇，倾听着他们的声音，让他们的故事被永远记住。在每一处墓葬之中，我们领略到了西南地区古代文明的辉煌与壮丽，也被古代人类的智慧与魅力所震撼。

大松山墓群的考古发掘，将这片土地的历史紧紧地与我们连接在一起。它不仅开启了古代之门，更为我们勾勒了一幅壮丽的历史画卷。让我们怀着敬意与感慨，珍藏着这些考古发现，继续探寻古人的智慧与梦想，将他们的光芒永远流传下去。

当夕阳的余晖轻染着天空，映照在那片古老的土地上，神秘而庄严的氛围渐渐弥漫。当我缓慢踏入墓群，仿佛穿越了漫长的时光隧道，仿佛时光的涟漪在眼前荡漾。远古的先民们，静静地埋葬于这片土地之中，演绎着一个个古老传说的篇章。石室墓上的每一块石头都仿佛有着自己的故事，墓内沉睡的古人魂灵，它们在岁月的洗礼中留下了深深的痕迹。

精美的陶器、华美的玉器、华丽的铜器，以及其他各种神秘的文物，似乎是古人与神秘世界的交流工具。这些陪葬品昭示着古人对生命的无尽崇敬与追求，折射出他们对死亡的思考和对来世的憧憬。它们如同潜藏在时间长河中的点点光影，带着一份虔诚的敬畏，也带着一份对天地间永恒流转的理解。静默在墓群中，仿佛能够倾听到古代人们的言语。风带着苔藓的芬芳轻轻拂过墓葬，仿佛古代人们附着其中，通过微风讲述着上千年的故事。浩渺的天空映照在清澈的池塘中，层层涟漪泛起，一瞥之间便能感受到古代人们对于天地自然的敬畏。

大松山墓群是一颗古老的明珠，闪耀着历史的光芒。在每一个头顶的时刻，都能感受到古代人们的气息，仿佛他们仍然活在世间，用他们的沉默诉说一个个珍贵的故事。这片墓群见证了时光的更替，见证了生命的轮回，见证了古代人们对于永恒和美好的追求。

在大松山墓群中，历史的图卷一幅幅展开，让人陶醉其中。无论是对于历史的追寻，还是对于文明的敬仰，大松山墓群都能带给人们一种超越时空的体验。它是过去与现在的连接，是古老与现代的纽带，更是人类文明的一道璀璨之光。

青铜发钗、青铜臂钏、青铜币……这些精美绝伦的青铜器展现了西南地区古代人民的工艺水平和审美追求。器物上的华美纹饰纷繁而精细，如同一幅幅生动的图画，勾勒出了古人丰富的生活和文化内涵。它们揭示了西南地区古代社会的层次结构、文化特点和宗教信仰，为后人提供了珍贵的历史参考。

大松山墓群是连接着古代与现代的珍贵纽带。它所蕴含的历史渊源和文化内涵，让人们对西南地区的古代历史有了更加全面而深入的理解。出土的器物承载着古人的智慧、审美和情感，是西南地区古代文明的重要见证，也是后人研究古代历史的宝贵资源。

铁器上的沉淀

夏 青 四川大学考古文博学院

今年的 1 月份，我接到了导师指派的任务，让我与王秋蓉同学前往贵州贵安新区进行相关出土铁器的保护工作。在回复老师后，我就开始想是否能胜任这份工作。作为一名文物保护专业的学生，我在研一学年学习了相关的理论，课余会阅读各类学术论文来充实自己的文物保护知识。在此之前，我也有过简短的铁器保护实践经历。但面对未知的地方、未知的人群、未知的器物，心中不免有些忐忑。

贵州的冬天似乎总是云迷雾锁，好几日也见不到太阳。我还记得初去贵安新区临时库房的那天下着毛毛细雨，我不时地望向车窗外，看着起起伏伏的山峦，心里不免又多了几分惆怅。初见大松山墓群出土的铁器已经是到工地三天后的事情。大松山墓群出土的铁器被打包在大大小小的套箱中，堆放在库房内。我们只

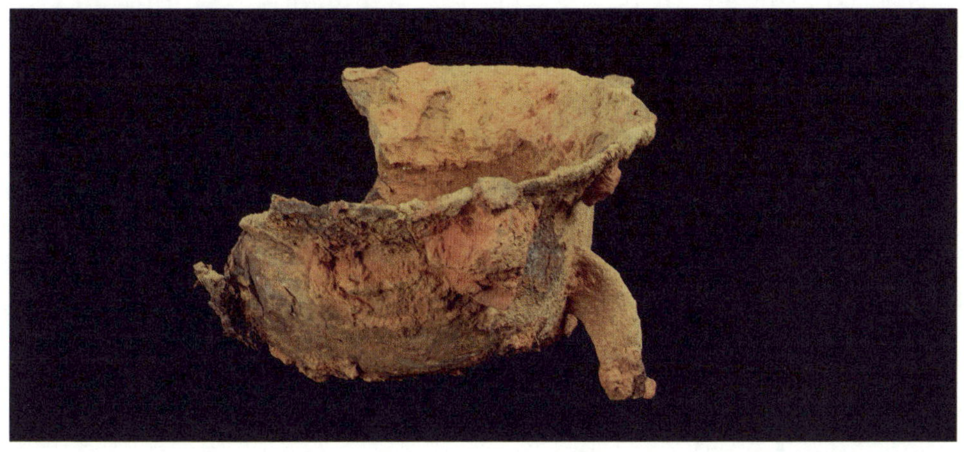

大林头 M32 铁鍑出土

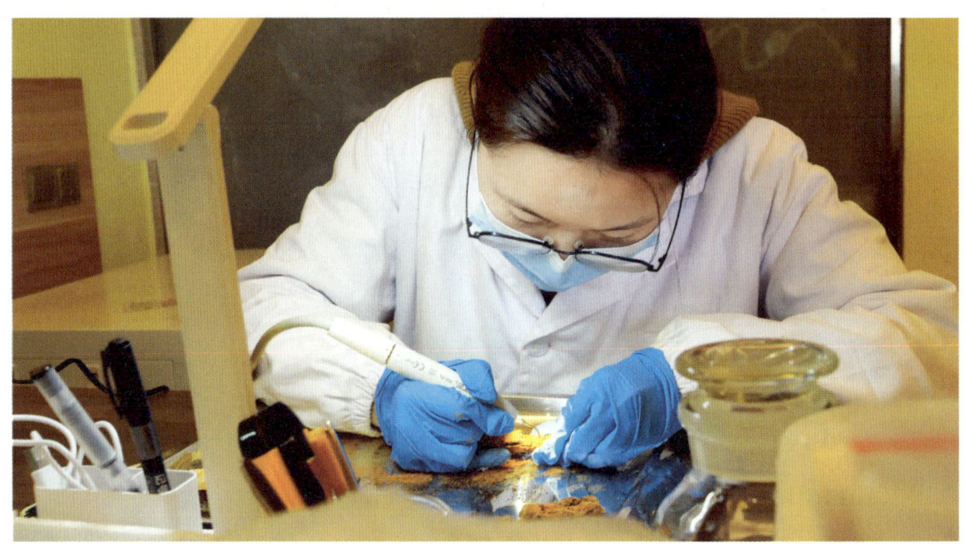
铁器除锈

能通过套箱中附带的标签了解到它是什么器类，何时被发掘出来，在墓葬中的大概位置。正如我和同伴所说，之后很长一段时间的工作就是体验开盲盒。我们在做了简单的清点后，开始着手保护修复工作。

文物保护修复与医学相比，有着许多的相似性。医学关注的是人的健康，文物保护修复则是负责文物延年益寿。文物保护与医生医治病人的道理十分相似，所以我们将文物保护修复师称为“文物医生”。我国传统的中医医治疾病遵循“望闻问切”的诊疗方法，通过这几个方面可以获取到病人的相关疾病信息。同样，我们在对铁器进行保护修复的过程中也需要“望闻问切”。不同的是，我们所面对的是不会说话的“病人”，需要借助现代科学技术手段分析了解“病人”的病原。将中医医治的方法转换，我们在对铁器进行保护的过程中表现为观察、检测、分析等关键步骤。

在贵安新区临时库房保护修复铁器已经有 4 个多月，现在回想起来，修复第一件铁器的场景仍历历在目。那是我开的第一个“文物盲盒”，我们使用铁铲等工具将周围的木板去除后，呈现在眼前的是一块方方正正的泥土，在泥块的中间能够隐隐约约看到铁剪刀的大概器形。由于铁剪刀在地下埋藏时间过长，加之铁器本身易于腐蚀的性质，造成了铁剪刀有多处断裂的情况。我们拿到器物后并不是直接修复，而是先观察。观察的内容主要是剪刀所在的位置及其周围情况，例如周围是否有其他出土物、器物周围泥土的软硬程度，这些都是器物能否取得完整的关键因素。做好相关的观察分析后开始清理环节，使用手术刀、竹签一类的工具将铁器挑出。该铁剪刀刀身与刀柄连接处的泥土比较硬，直接硬取会对器物造成较大的伤害。我与秋秋在商量后决定使用工具将刀尖与刀柄支撑好，用竹签与洁牙器将剪刀下方的硬土块一点点掏空，最后取出铁剪刀。该剪刀断裂为 7 块，但好在器形完整，通过后期的工作能够复原。

将铁剪刀从泥块中取出后，随即开展“问”的修复环节。与中医不同，我们所针对的医治对象是不会说话的“病人”。面对这一类“病人”，我们主要采用现代科学检测技术替代问诊，在不对器物本身造成二次伤害的情况下，深入了解器物的有关病害。我们通常用到的手段有：① X 光射线探伤技术，其可以通过 X 射线探知铁器本身存在的缺陷或裂纹。② X 射线衍射技术，其通过对锈蚀样品进

铁器修复

行检测，能够知道导致铁器锈蚀的主要病因，为后期的保护工作提供思路。类似的检测技术还有扫描电镜、XRF 等。

中医通过切脉能够从脉象上了解到病人身体上发生的病害。作为文物医生，我们一方面通过观察器物表面获取病害信息，另一方面能够通过铁器上掉落的铁渣与锈蚀物了解器物更深层次的病因。在对锈蚀物检测分析后，对症下药，有效防止铁器进一步锈蚀，在一定程度上延长铁器保存的时间。

时光飞逝，4 个月的光景一晃而过，我们的铁器保护工作在各位老师、同学、同事的支持下取得了一定的成果。从最初的土块到残碎的基体，再到拼接完整，我们一步步让铁器重新焕发光彩。大松山墓群于贵州考古而言，意义重大。保护文物功在当代，利在千秋。我们手中的文物都经过了历史的沉淀，有着时代所给予它的烙印，时间的沉淀给予了文物生命的维度。每次进入库房整理时，光影间总会产生一些联想的画面：昏暗的烛光下，温婉的民族女子一边拿着剪刀与铁锥为家人做衣纳鞋，其面前的铁支架上正烹饪着一锅美食。女子不时地望向门外，等待务农的家人归来一起吃一顿温馨的晚饭。这样想来，大松山墓群出土的文物总能反映出曾经生活在这片热土的人们无忧无虑、岁月静好的状态。我想这就是文物存在的意义，它们通过被发掘出土、保护修复后，以另一种方式为当代人勾勒着曾经属于它的时代的生活画卷。

铁器保护修复的工作还在继续，耳边不时传来打磨机与铁器碰撞的吱吱声。在这段日子里，我经历了一开始的茫然无措，但通过老师们的帮助我逐渐地掌握到越来越多的方法，也更明了铁器保护的整个流程。我一开始的顾虑与担心也许早已在保护修复铁器的过程中烟消云散。或许在别人眼里我们的工作重复且枯燥，但是我们总能从中寻找到乐趣。这些乐趣或是来源于开盲盒的体验，或是制订修复方案时的头脑风暴，或是清理土垢时残碎的头骨、铜器等。当一件件残碎的铁器经过我们清理、除锈打磨、拼对粘接复原后，我们的成就感是前所未有的。很庆幸人生中能有这样的保护修复经历，在这次的工作中我学习到了很多，也成长了很多。我也将保持文物保护者的初心，继续在文物保护的道路上前行。

一梦千年

左云杰 贵州省文物考古研究所

2022年，在配合贵州医科大学新校区（一期）项目建设的抢救性考古发掘中，发掘清理两晋南朝至宋明时期古墓葬2 000余座，直至2023年6月，整体的田野发掘工作才基本结束，总考古发掘时长近一年。在这一年的时间内，如何保护这批宝贵的墓葬，如何将大松山墓群所蕴含的文化内涵和历史信息展示给社会公众，成了所有考古发掘工作者必须思考的问题。2023年4月，贵州省文化和旅游厅邀请了由中国社会科学院考古研究所、国家考古研究中心、北京大学等单位的23位专家共同研究讨论大松山墓群的保护利用，并一致形成了“原址保护，依托大松山墓群建设贵州考古博物馆、贵州省考古标本库房”的专家意见。至此，大松山墓群的保护展示利用成了发掘工作结束后最核心的工作。笔者基于以上情况，谈一谈对大松山墓群的保护展示利用的一些思考。

一、大松山墓群的保护

目前，对于墓葬（群）类的遗迹保护方式较为通行的做法一般为全局展示、局部回填局部展示及全部回填保护三类。首先，大松山墓群墓葬最集中的区域有2 000余座墓葬，分布面积达18 000余平方米，若采取全局展示的方式来进行保护的话，成本及具体操作的难度都非常高，不具备可执行性。其次，大松山墓群的墓葬均为当地居民的平民墓葬，并无高等级的墓葬出现，局部展示局部回填的保护方法也无法突出重点。因此，最为适合大松山墓群保护的方式，笔者更倾向于全部回填保护。

大松山墓群以石室墓和土坑墓为主，整个大松山墓群的考古发掘持续将近

回填中的大松山墓群

一年，在此期间，所有墓坑长时间全部裸露在外，受到土壤物理因素、阳光及雨水的影响，均不同程度遭受到病害影响，以以下几种病害为主：①墓坑土体溶蚀。因每年4月至6月贵阳贵安地区降雨量较大，雨水积在墓坑内，在饱和水的浸泡下，墓壁逐渐溶蚀坍塌，造成墓坑变形。②石室墓的坑壁垮塌。整体受雨水冲刷、土体溶蚀影响，石室墓中以石块垒砌的墓壁向内垮塌。③大量植被生长在墓葬周边及墓坑内。④土体产生裂隙。受雨水及阳光暴晒影响，且无植被遮拦，导致水分蒸发快，形成大量裂隙，土壤沙化严重，极容易流失。针对以上几种病害，应贯彻“保护为主、抢救第一、合理利用、加强管理”的文物工作方针，着重解决墓葬结构稳定性病害的问题，再兼顾后期的保护来进行展示与利用。因此，对大松山墓群的保护，整体可以分为三个阶段来实施。首先应对墓群内的大量植被进行铲除清理，在清理过程中最好用人工手动拔除，遇到根系较粗较深的植被，可适当使用小型工具进行辅助铲除，避免对墓葬本体造成二次破坏。对于根系粗壮且埋藏较深的无法拔除的植被，可使用锯子等工具将其进行切割，并在树根处喷洒草甘膦等药物，使其停止生长直至完全死亡，待植物根系干枯后，再使用小型锄头等工具进行凿除。然后便是对墓葬本体进行回填性保护，将墓葬内淤泥、积水、霉菌进行清理后，可使用细河沙在墓底进行平铺，厚度以5～8cm为宜，再在细河沙之上及墓壁贴覆一层透气膜，用来缓冲后期回填用土对墓葬产生的冲击，也便于二次发掘时能准确找到墓底部。透气膜之上，可采用带碎石的黄壤土进行填充，填充至墓口水平之上10cm处，待雨水冲击后基本能保证与墓口在同一水平面上，防止墓坑继续被侵蚀。最后，使用防腐木一类的材料制作木桩在墓葬四角竖置插放，做好墓葬标识，如此一来便可清晰看清每个墓葬的大小、形制及对应的墓葬编号，保证墓葬的真实性和完整性。以上回填的措施，基本能够有效解决墓葬本体存在的病害。

为后期更有效地对大松山墓群进行延续性保护，当地文物主管部门还应积极将大松山墓群申报为全国重点文物保护单位，划定保护范围及建设控制地带，保证遗址本体的安全，将保护和控制地带范围的土地性质变更为“文物古迹用地”。

二、大松山墓群的展示利用

大松山墓群位于贵安新区的核心地带，讨论其展示利用的问题，要立足于城市的发展，也要充分考虑城市居民对文化的需求。对考古遗存的阐释和展示，是考古工作最重要的职能之一，是增强社会公众对历史文化认识的重要渠道，是提升社会公众保护文化遗产观念的重要手段。大松山墓群是贵州考古历史上规模最大、延续时间最长的一处墓群，深刻反映了贵州与中原地区的紧密联系，是多元一体中华民族共同体意识形成历史进程的生动案例。规模大、延续时间长是大松

回填保护完成后的大松山墓群

山墓群最突出的两个特征，因此在展示利用时，一定要采取有效的方式向社会公众传递这两个信息。结合贵安新区独特的区位优势，保护利用好大松山墓群可以大力增强考古遗址和历史古迹服务经济社会发展的能力，对促进古迹遗址保护利用成果在文旅融合、校旅融合等方面具有重要意义，亦是积极响应贵州强省会战略，为推动我省加快建设多彩贵州民族特色文化强省和旅游强省贡献贵州考古力量的生动实践。基于此，笔者认为可以采取考古遗址公园的模式对大松山墓群进行展示利用。以考古遗址公园为依托，重点展示整体空间环境、墓葬分布规模、各时段墓葬特点、出土文物、多元文化、传统习俗等；结合墓群的空间分布特点，有效展示古人的宇宙观和生死观；根据墓葬随葬品，展示出古人的经济水平、手工艺水平及对外交流情况等。基于社会公众参观需要和阐释需要，做好整体空间布局，有效配置考古博物馆、研学基地、考古科普展示空间、考古标本库房。充分发挥遗址公园的教育功能，并通过考古研究成果展示贵州多民族的历史文化。大松山墓群的展示利用，就社会效益来说，可以更好地展示和传承贵阳贵安的厚重历史文脉，进一步完善贵阳贵安公共文化服务功能，极大提升贵阳贵安城市品位。就经济效益而言，可以实现文化旅游深度融合，丰富贵州旅游资源的历史内涵和人文内涵，促进当地文旅产业发展，打造贵州新的文化旅游目的地，并依托大松山遗址和遗址出土的大量装饰品（珠饰、戒指、手镯、发簪等）和生活用器，打开文化创意产品开发利用新局面，产生可观经济收益。

贵安新区的文化资源十分丰富，自 2016 年以来，贵安新区的文化遗存就荣获了三次“全国十大考古新发现”，分别是“贵安新区牛坡洞遗址”“贵安新区招果洞遗址”“贵安新区大松山墓群”。不仅如此，在近年来多次系统性的调查勘探下，贵安新区发现史前洞穴遗址 140 余处，是中国洞穴遗址分布最密集的区域。贵安新区丰富的文化遗存，可完整构建自旧石器时代至宋明时期较为完整的历史文化发展框架。因此，在城市发展建设中，地方主管也应优先考虑文化遗产的保护工作，切勿让如此珍贵的文化遗产遭到破坏，如此一来我们讨论的保护利用展示才有意义。

余音袅袅

大松山墓群是罕见的历史时期大型公共墓地、贵州地区两晋至明代墓葬的年代标尺、西南边疆古代民族的历史画卷、中华民族多元一体格局的生动案例。

大松山墓群的前世今生

胡昌国　　贵州省文物考古研究所

考古工作中，经常有人问我们：你们咋知道这里有东西的？你们咋知道这下面是墓葬的？这个墓葬的形状是怎么判断出来的？等等，不一而足。而每当我们回答是用洛阳铲探出来的或者肉眼分析观察的，他们总是觉得很神秘，很难以想象。

其实考古工作是很系统、很漫长的。诸如殷墟，1928 年至 1937 年由中央研究院历史语言研究所考古组进行了十五次发掘，发现了宫殿宗庙基址、侯家庄王陵、H127 甲骨坑等重要遗存。中华人民共和国成立后至今则由中国社会科学院考古研究所主导对殷墟的发掘，1973 年的小屯南地的甲骨，1976 年小屯西北地的妇好墓，1991 年的花园庄东地的甲骨坑，1999 年洹河北岸的洹北商城，这些重大的考古发现都是不同年代不同时期逐步发现的。这类事情在中国考古史上还有很多，如广汉三星堆发现于 20 世纪 20 年代，1934 年葛维汉、林名均进行了第一次考古发掘，1986 年 7 月四川省文物考古研究所开始对三星堆 1 号和 2 号祭祀坑进行发掘，2019 年 11 月开始对新发现的 6 座祭祀坑进行清理发掘等等。可见，因为大型墓葬和遗址的重要性，需要经过漫长到百年甚至更长时间的细致考古工作和数代考古人的心血才能管中窥豹地探寻出那曾经辉煌的人类精英史。

熊家坡考古发掘老照片

相较于殷墟、三星堆这些著名的遗址，贵州的遗址和墓葬在名气上弱了许多，但是同它们一样，其考古发掘也经历了漫长的时间。就像贵州赫章的可乐遗址和墓地，它曾入选2000年的全国十大考古新发现，但该遗址和墓葬是20世纪50年代发现的，在成名前已经经历了八次考古发掘，而截至今天，该地一共进行了十五次左右的考古发掘。大松山墓群这一位于西南云贵高原的边缘小墓地，也是在上世纪60年代发现并发掘，而后2014年又进行过一次小规模的发掘，直至2022年的又一次大规模发掘才一鸣惊人。

1965年底，马场镇在建设大松山水库时，发现了一批古代墓葬，彼时的贵州省博物馆考古组（贵州省考古研究所前身）在今贵安新区马场镇附近的万人坟、熊家坡、大松山等地清理了古墓葬34座，其中包括东汉墓1座，东晋南朝墓16座，唐墓、宋墓各3座，明墓11座。这些墓葬少数还保留着较大的封土堆，除少量土坑墓外，均为石室墓。作为贵州为数不多的发现两晋南朝、隋唐时期墓葬的一次发掘，对于该时期的政治、经济、文化、丧葬习俗等方面的研究具有重要意义，出土了丰富的陶、瓷、漆、铜、金、银等质地的珍贵文物700余件，重要的有永

东汉永元十六年瓷罐（贵州省博物馆藏）

六朝青瓷鸡首壶（贵州省博物馆藏）

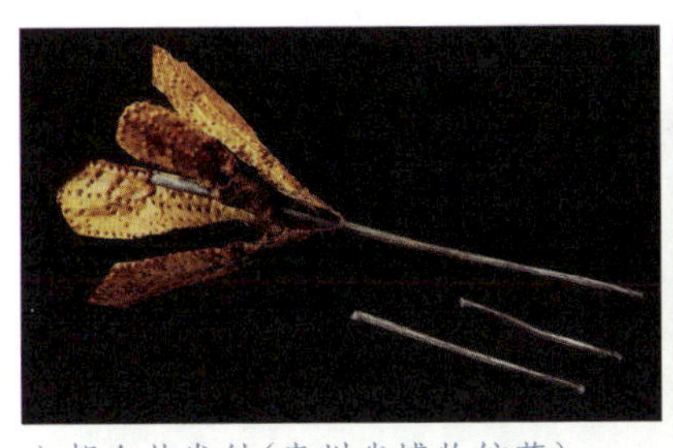
六朝金花发针(贵州省博物馆藏)

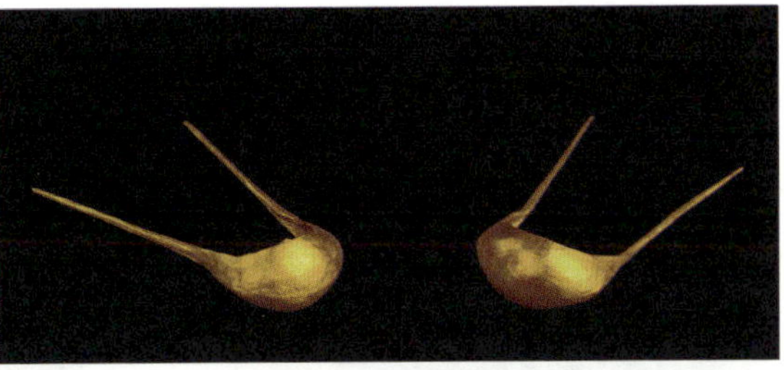
六朝金钗(贵州省博物馆藏)

六朝金花片(贵州省博物馆藏)

元十六年（东汉和帝，公元 104 年）纪年瓷罐、青瓷鸡首壶、莲瓣纹青瓷罐等等。

2013 年，贵州省文物考古研究所在磊马路调查时发现杨家桥墓群。2014 年 2 月进行发掘，共清理魏晋时期墓葬 3 座，这次发掘，虽然出土器物较少，但对于马场南朝墓的墓向、形制、出土器物等方面的研究都具有积极的作用。

南北朝四系青瓷带盖罐（贵州省博物馆藏）

六朝莲瓣纹青瓷罐（贵州省博物馆藏）

明代青花法螺纹碗

2022年1月至4月，因贵州省委省政府决定建设贵州医科大学新校区，贵州省文物考古研究所对建设用地进行了100余天的钻探，在钻探中发现两晋至明清时期墓葬620余座。2022年7月，贵州考古所、北京大学考古文博学院、四川大学考古文博学院、中山大学社会学与人类学学院四家单位合作对该墓群开展了全面考古发掘，发掘面积13 500平方米，共清理墓葬2 192座，出土各类文物

4 000 余件（套），取得重要收获。这次考古发掘是贵州已发掘规模最大、延续时间最长的一处墓地，首次建立起黔中地区两晋至明代墓葬发展序列，为贵州历史时期考古学研究树立了年代标尺。这次考古发掘出土器物见证了汉晋至明代黔中地区社会文化中心逐渐转移至贵阳周边的进程，以及明代贵州建省前后社会经济的剧烈变化。这次考古发掘的墓葬数量巨大，作为一处全国罕见的大型地方民族公共墓地，大松山墓地反映了当时的生活、商贸、信仰、丧葬等情况，展现了西南边疆古代少数民族的历史画卷。同时，这次考古发掘中的历史文化面貌既体现出地域文化传统的长久延续，同时兼有中原地区、长江中下游地区、四川盆地、域外等文化因素，是中央政府在贵州实行“土流并治”，各地区各民族在交往、交流、交融过程中构建中华民族多元一体格局的生动体现。2022 年大松山墓群考古出土文物以生活用具和装饰品为主，种类丰富，涵盖金、银、铜、铁、锡、

六朝铜镜(贵州省博物馆藏)

银条脱(贵州省博物馆藏)

杨家桥 M1

杨家桥 M1 出土漆器

唐朝串珠

陶、瓷、漆木、玻璃、玉石等材质的文物，并出土少量纺织品，其中不乏如金挂饰、银梳背、铜条脱、贴金铜盘、铜印章、锡鱼、铜铃、串珠、项饰、银梵文种子字等造型独特、工艺精湛的珍品；还有反映中外文化交流的宝石和玻璃珠等。

大松山墓群的考古工作目前已暂告一段落，但是马场镇周边的经济建设方兴未艾，通过大松山墓群的发掘情况可以预知，在马场镇范围内存在大量历史时期墓葬，或许其中还有更为重要的考古地点会在今后的建设中出现。

考古发掘和雨

胡昌国

贵州省文物考古研究所

对于考古工地来说，普遍地实行无雨上工、下雨收工的考勤制度，但有时候休息对于考古工作者来说就是一件奢侈的事。2022 年 7 月到 8 月，大松山墓葬发掘考古工地就没有正常地休息过，每天就是上班、休息，作息时间规律得要命！我们疲倦得无法言表，每天都想在天空中招来大片大片的雨云。

其实贵州的天气是很好的。在来贵州前，我大学室友徐适（贵州人）就给我讲过，贵州很凉爽，一年有 270 天都在下雨。到贵州后，同事们又告诉我，贵阳的天气是“四季无寒暑，一雨便成冬”。的确，贵阳的天气舒适宜人，完全感受不到成都夏天的酷热。

大雨下的考古工作者韩建军

贵州的考古工作时间也是同实际情况结合起来的。春夏草木未繁之时，秋冬草木凋落之后，都是最为适宜考古调查、钻探、发掘工作的时候。夏天，其实是不适宜野外发掘工作的，但是大松山考古发掘没有办法，时间紧、任务重，只能在夏天进行。和它相似的还有 2007 年我们在桐梓县夜郎乡进行的宋代墓葬考古发掘，同样是因为习新高速建设时间要求很紧，在 6 月至 8 月进行发掘，当时我们的工作时间是 7—12 点、16—19 点，中间最热的 4 个小时完全避开工作。大松山考古则不太适宜这样

倾盆大雨中的考古工地

雨中的工地

的工作时间安排，因为工人数量大，不少来自比较远的村寨，中午都是带饭到工地上吃的，下午下班晚的话，回到家天都黑了，也没有时间做一些家务了。因此，我们的工作时间调整计划失败了，只能按照原来的时间安排进行工作，即使气温很高。

2022 年的气候相对于往年是很反常的，白天的气温要高很多。在野外待几分钟后，头和脸上都满是汗珠，很快就是一层白白的盐粒。对我们来说，回驻地时洗脸也是一件极快乐的事！

考古工作对天气要求很苛刻，工作时间最好每天都是多云。因为无论是拍摄墓葬开口照、墓葬清理完成的照片，还是清理文物，都不需要炽热的阳光，这一点也是区区太阳伞和自制的遮阳工具无法解决的。

曾看过一本很有意思的书，书中提及工作之后的空闲时间：原始社会不储存食物，每天工作 2.5 小时即可；封建社会，劳动时间稍稍大于原始社会；进入现代后，每天正常工作时间为 8 个小时，每周有两天休息时间。在考古工地，如果没有下非常大的雨，那么恭喜你，“喜提”工作若干。因此，我们考古工作者需要掌握的技能也非常的多，不仅仅要会刮面寻找墓葬，清理墓葬，收集资料，写记录，还要使用 RTK，遥控无人机，最为重要的是要会观天文、知晴雨，至少要知道“朝霞不出门，晚霞行千里”和“有雨天边亮，无雨顶上光”这些谚语。雨是我们重要的工作伙伴，可惜在大松山墓群的发掘中，总是能够看到绚烂的晚霞，去迎接第二天的艳阳。

其实贵安还是多雨，虽然白天多为晴天，但是夜晚还是多雨的。坐在桌边整理文件或在床上休息时，总能听到雨点打在屋顶的声音，可能因为屋顶使用的是彩钢瓦的缘故吧，感觉雨是格外的大。可第二天起来，依然是万里无云。工地的路面虽因昨日的雨有些泥泞，但完全不影响工作。时间一久，绘图的同事胡霖就称呼这种雨为“老板雨”。的确，在工作的时候完全没有雨或者下小雨，一到休息的时间就开始下雨，而且不管多大，几乎都不影响第二天工地的开工。得雨如此，夫复何求！

考古工地，一分耕耘就有一分收获。虽然发掘工作队队员们没有能够获得正常的休息时间，但这次由考古所联合北京大学考古文博学院、四川大学考古文博学院、中山大学社会学与人类学学院三家单位组成的考古发掘联合体历时 290 天，前后参加发掘的人员 400 余人，对贵州医科大学新校区一期建设项目用地进行的考古发掘，共清理两晋南朝至明清墓葬 2 192 座，出土金、银、铜、铁、锡、陶、瓷、漆木、玻璃、玉石、钱币、纺织品等质地文物 4 000 余件（套）。2023 年 3 月 28 日，大松山墓群被评为“2022 年全国十大考古新发现”，是贵州获得的第八次全国十大考古新发现！这一荣誉，应该就是对我们最好的褒奖和犒赏了。

风 华

胡昌国

贵州省文物考古研究所

在大松山的发掘过程中，女性考古队员的比例不少，项目领队的周必素所长，北大分区负责的方笑天老师和马铭悦、谢安琪、孙嘉茹、戴恬、钟宛彤、党丰同学，中大参加发掘的薛雯雯同学，川大参加发掘的赖敏、张媛媛、易萍、苍润、邓雅琳同学，考古所的杨磊，以及从地州借调来参加考古发掘的毋静帆、张锦华和报名参加实习的王静寂，零零星星的近二十个人了。领导不敢写，其他队伍的情况不了解，这里就只能写写我负责发掘的坟坝顶墓群的女考古队员们。

毋静帆是第一个加入发掘队伍的，正好在八月初我们开始坟坝顶墓群发掘的时候。其实初期的时候我们有一个人员分配名单，她是西北大学的研究生，被分配在史忞的发掘队伍里，属于我和史忞商量后的内部借调人员（然后就再也没有还过）。她文文静静的，带着一股干练的气质，初期发掘时无人机还没有进场，只能使用传统的梯子搭配人工的方法来拍摄墓葬照片，M2 到 M11 的照片都是她爬上爬下的成果。后来无人机到来后，她又是工地唯一一个会使用的人，李兴道和王静寂都得到了她的真传。除了传统的发掘工作，民工的考勤、整个发掘场景的航拍等工作她都参与其中。如果有什么工作，交给静帆是很靠谱的。

毋静帆在工作中

毋静帆和王静寂观察地层

王静寂同学是第二个加入发掘队伍的，在早期队伍还不大的时候，人员匮乏，她便自动成为坟坝顶墓群发掘的元老之一。她是贵州大方人，略显得圆圆的脸上总带着自信的笑容，相处久了才感受到她身上那种不服输的精神。可能考古的女孩子都很能吃苦吧，每天枯燥地上工下工，扫描墓葬图，手绘墓葬图，写记录，整理发掘资料，长时间连续工作，她都没有叫过什么苦。后来，她还学会了使用无人机、扫描墓葬、使用 RTK。在发掘后期，整个工地出土墓葬的测点都依靠她了。她工作上一丝不苟，只有休息的时间才能更多地显露女孩子的天真。

锦华比她们略晚两天到达大松山墓群发掘工地，她最开始是分配给闵凯队伍的，可是直到闵凯撤离大松山转场威宁石官寨时，锦华都没有能在他的队伍中发掘过一天。她柔柔弱弱的，感觉不是很能吃苦的，可是恰恰相反，她的田野工作完成得很细心。把墓葬分配给她之后，无论是墓葬发掘，还是后期资料整理，她都做得漂漂亮亮。在工地上看到她时她都是在默默地清理着分配给她的墓葬，这一批清理完成后马上要下一批，感觉速度很快——还好坟坝顶墓群的墓葬足够多。

杨磊是大松山墓群最晚入伙的女考古队员了，她是考古所的老职工，2013 年加入考古所之后，长时间进行野外调查和发掘工作，正如一句调侃考古队员辛苦的话说的那样：“女的当男的用，男的当牲口用。”她的个性风风火火，其实的确如此，她在以往的考古工地上被称为“二爷”，上午所里开会安排工作任务，下午她就出现在大松山墓群的发掘工地上，马上要求给她分配工作。在 12 月下旬因新冠发高烧才彻底倒下，但很快又原地复活，继续进行大松山墓群的发掘工作，没有一天懈怠。

工地结束合影，第一排右二毋静帆、右三王静寂、右四张锦华、右五杨磊

除了上述“四大金刚”，12 月中下旬的时候，贵州民族大学的一批同学也来到考古工地帮助我们突击发掘。陈美娜、周英琪、李晴晴、郭玉竹、张文方、吴彩莉、严在雨、马子璐、李春雨这些女同学，虽然大多没有过考古工地实习的经验，但是她们学习得很快，几天时间就学会了清理墓葬、绘制图纸、拍摄照片。虽然因为新冠疫情部分同学回家隔离，但还是有许多同学坚持到了最后，完成了大松山墓群最后的发掘工作。

其实想想，我们在外面做发掘的时候，除了这些队员的努力工作，每一位男性考古队员的家属也是一个应该被好好记录的存在。别人的家眷情况我不熟悉，但我爱人在我进行大松山墓群发掘期间，不仅仅完成她的工作，还要在家里照顾孩子的生活，关注孩子的学习成绩，接送孩子去补习班等等。尤其是九月疫情期间，我在马场隔离，女儿在学校隔离，老婆在家隔离时候，她还参加了志愿者队伍，为抗击疫情贡献自己的力量。所以我们在外面能够安心地工作，我们通过工作获得的荣誉，都离不开她们的支持。

落花人独立，微雨燕双飞

胡昌国 贵州省文物考古研究所

大松山墓群所在的地理位置还是很优越的，因为有一座 20 世纪 60 年代修建的水库。数次暴雨淘洗后的湖岸平缓且松软，周边的茶园整齐划一地沿着不高的小山丘向着远山蔓延，考古发掘出的魏晋至隋唐时期的墓葬三五成群地分布其间。在乡野村趣中探究中古人类留下的文化信息，有一种别样的感觉。

或许是因为当时的人类族群太小及属于家族墓地的原因，这些早期（对于大松山墓群算早期了）墓葬的规模都不大，且各个小墓群之间相隔得比较远。马坡墓群也就七八座墓葬比较集中，洋沟土也仅有四五座墓葬，黄山井区域有近二十座墓葬，散布于一两百米的湖岸边，大松山墓群围墙东侧的十八座隋唐墓葬则分布于一二层台阶上，而大茶山、西瓜地、窝冲头、水库边等地的墓葬分布就更为稀疏了。

黄山井墓地航拍图

洋沟土出土六系罐

黄山井出土铁鐎斗

步行在乡间小道上，突然莫名地感伤时空的变幻。在一千八百年前，一群哀伤的人抬着亲人的棺木走向最终的永眠之地。“亲戚或余悲，他人亦已歌。死去何所道，托体同山阿。”凄婉哀伤的挽歌声穿过漫漫的时空飘荡于世，久久不息，也许，他们当时走过的路就是我现在穿行的这一条，只是村村通工程改变了它的宽度，硬化了它的路面而已。

考古工作不是一成不变的，不同的地区有着不同的风俗习惯，先民们留下的遗迹也是如此，甚至极端情况也可能出现，这些都需要考古工作者在工作中不断地革新自我，积累总结经验，提升工作能力。2007 年发掘大坪汉墓的时候，我们在土地包就遇到了极端的情况，该处山体下移，部分汉代墓葬被切成两截，随葬器物也出现在两个区域，对于该类墓葬性质的判断也曾使我们困惑许久。只有最大限度地去了解各个时代不同的墓葬，才能更准确地判断墓葬性质，是我们这次发掘难得的收获。

不同的墓葬、不同的出土器物让发掘者奔行于不同的墓群之间，心情总是跌宕起伏。曾领略过洋沟土墓葬齐整的墓壁和长长的排水沟，双耳四系青瓷罐的优美身姿；也看到过马坡墓群墓葬因为外壁变形而仅余二三厘米的空间，以及其出土陶器破碎待加固提取的窘态；在黄山井亲抚过南朝铁鐎斗、金花片、玛瑙和玻璃珠，为墓葬上那大大的盗洞而伤感；在大茶山为墓葬中“太货六铢”钱币的出土而欢呼，为不同墓葬形制代表的含义而苦苦思索。

与其他墓群稀疏的分布不同，坟坝顶区域的墓葬分布得极为集中，被早年修建的 X001 县道和 20 世纪八九十年代修建的一条水渠分割成三个部分。从位于松林西侧到 X001 县道之间的缓坡，就密集地分布着 500 余座南朝、隋唐、宋元明清时期的墓葬，X001 县道西侧缓坡下则分布着另外的 1 500 余座墓葬。

作为贵州考古有史以来数量最大的墓群，墓葬中打破叠压现象非常普遍。8 月下旬时，最多 8 座墓葬有打破关系，11 月中旬，新发现一处 12 座墓葬有打破关系。这些密密麻麻的不同时期的墓葬，给我们的发掘工作带来了极大的困难！另外，值得一提的是，历次考古发掘时，发掘队伍和村民土地的矛盾往往有些尖锐，但大松山墓群的发掘却没有这方面的问题，因为前期医科大学已经补偿了土地使用费，我们只需要进行发掘即可。但是还是有很多的问题需要我们解决，出土漆器

坟坝顶墓地航拍图

的保护提取问题，烈日暴晒下土地干裂问题，烈日下无法进行扫描和照相的问题，出土人骨的存放问题，发掘出土墓葬填土的堆放问题等等。总之，现场领队们总是在解决问题的道路上奔走。

细雨飘下，大松山墓群所在的土地在欢呼，干裂的裂缝在慢慢地弥合。在整个大松山墓群中墓葬分布最为密集的坟坝顶区域，空中零散的雨丝伴随着的是考古发掘现场的忙碌，紧张的工期没有给我们多预留休息的时间。使用洒水车喷淋过的区域用塑料布盖起来，通过一夜的泡发，第二天才能更好地适应刮面工作；已经刮清楚了的地面，考古发掘人员正在确定那些明显的墓葬；负责清理墓葬的发掘队员们正在小心地清理着出土的玻璃珠、陶瓷器、铁器、银梳背、漆器，然后小心地采取不同的保护方式将它们覆盖起来；可以将文物提取回室内的墓葬则在做着相应的工作，包裹陶器，套箱漆器和脆弱文物，提取瓷器和铜器，写上相应标签，将文物装上车辆。

微雨后，天空又恢复了清爽，苍鹭在周边的几片松林上空飞舞，那低回的鸣叫声伴随着下工离去的人群缓缓地远去。回到驻地的我们看着远处红红的落日慢慢沉入山梁。将文物移交进临时库房，晚餐之后，忙碌了一天的发掘队员们还需要整理当天的发掘记录……之后随着沉沉的夜幕，考古驻地逐渐地安静下来。

明天，又是元气满满的一天。

考古工地的“867”①

胡昌国
贵州省文物考古研究所

随着大松山墓群考古工作的深入，大量的随葬器物被发掘出来。由于出土器物相对丰富且民族氛围浓厚，引来了大量各界人士的参观。在为他们讲解墓葬发现、发掘及出土随葬器物的同时，也经常得到他们关心的问候，如：“你们驻地的环境太简陋了，为什么不找更好的地方？”“你们节假日休息是否方便？”等等，让人感谢他们的时候却不禁心生莞尔。

2007 年 8 月在桐梓宋墓考古驻地开会

① 867：早上 8 点上工，晚上 6 点下工，每周 7 天不变。

在小庙山发掘时的考古驻地

其实相对于其他考古工地的环境来说，我们现在在马场的工作和住宿环境已经是相当不错了。租住的房屋二楼漏雨，但是在房东整修后已经没有问题了。昨天晚上在床上玩手机的时候，眼前一团黑影在快速地移动，打开灯才发现是一只大蜘蛛，使用手机攻击它也没有成功，一晃眼的工夫它就移动到床下去了。睡前还担心它晚上报复我，但清晨醒来也没有发现异常，看来我和它要“和谐”共存一段时间了。这种和小动物们同居的环境我们也经历了太多。2005 年 6 月在沿河洪渡发掘汉至明代墓葬的时候，去给同事代班几天，夜晚在网吧上网的时候，房梁上滑落在女老板头上的十多厘米长的蜈蚣让我紧张不已，一段时间内都远离房梁。2007 年 8 月在李飞哥的领导下进行桐梓宋墓的发掘时，寄住在村委会办公小楼的我们每天都要清理百余只飞蛾的尸体，在那纷飞的鳞粉笼罩下我全身瘙痒无比，飞哥展示了他后背上密密麻麻的小水泡，冠英姐和小丽也控诉了她们被飞蛾大军摧残的惨状，我便在发掘临近结束时可耻地逃离了工地，回到贵阳后使用了一个多星期的炉甘石洗液才解决了那种痛苦。2016 年在纳雍县塘边遗址进行发掘的时候，房前、厕所前、厨房里都经常出现爬行纲有鳞目动物大佬的身影，最恐怖的一次，居然进入小齐被窝中，幸好小齐同志有掀被窝再上床的习惯，不然就惨了。

回忆起来，贵州的考古发掘工地，大多条件都不太好（其实就是很恶劣），不论是新旧石器时期的洞穴遗址，还是即将蓄水的电站库区，多是远离人类社会繁华的区域。2005 年 10 月在董箐电站小河口和田脚脚遗址发掘的时候，因为靠近河边的区域不属于村民的居住范围（当地村民多生活于山顶），只能租用村民们修来养牛的大棚居住（当然是没有住过牛的新棚）。墙壁上新抹的水泥渗出的水珠具有沁人心脾的作用，屋顶石棉瓦上的窟窿瞬间让我领略了“屋外暴雨、屋内大雨”的感觉。2006 年龙滩电站贞丰小庙山墓群发掘，因为属于水库库区的范围，当地居住的人已经早早地搬迁出去，房屋都已经拆除了，考古队员们只能在近水的地方自己搭建竹楼居住，使用发电机发电，买活猪回来自己屠宰，自己做饭。同年进行的浪更燃山汉墓群考古发掘，因为没有较为平坦的地方作为考古发掘驻

在浪更燃山发掘时位于北盘江的江边的考古驻地

地，考古队员们不得不住在距离墓群现场近一公里的一个缓坡上，搭建了几座帐篷作为栖身之所，以一个倒塌半边的房屋作为临时食堂。但夏天的北盘江炎热无比，三四十度的烈日暴晒下，帐篷内的温度往往超过五十度，因此，夜晚的旷野才是居住最好的选择。

相对于以上发掘工地，毗邻贵阳、地处马场镇杨柳哨的考古驻地实在是排名前列的存在，而且我们还在不断地改进驻地条件。因为文物分别位于两处库房造成的管理问题，考古所租用了临近的安顺昌洪惜缘宾馆作为考古队员驻地和临时文物库房。这是贵州考古所第一次直接租用宾馆充当临时库房和整理场所，我想这可能同大松山墓群发掘的文物数量较多有关吧！

休息对于考古队员来说是一件奢侈的事情，尤其是墓葬的发掘，随葬器物被清理出来后，并不是直接拿走就可以了，还需要进行一段时间的绘图、照相等记录资料的工作。而这些工作时间，器物就相对危险了，虽然工地二十四小时有人值守，有数十个摄像头观察任何可疑的对象，但是裸露出来的文物还是让人担心，只有进入库房的文物才是好文物，这是每一个考古工作者的信条。

我们的“医科大”

胡昌国 贵州省文物考古研究所

“医科大”是一只小狸花，这是周所给它取的名字，它的来历有些传奇。11月底的时候，我开车来到工地，等写完领队日记准备回驻地时，看到罗师在旁边一辆白色起亚车前喵喵叫。好奇地一问他，才知道有一只小奶猫钻到了车子底下，却不知道它的具体位置，只能听到喵喵的回应声。没有办法，我们找来了工地上正在进行发掘的车主，打开引擎盖才俘获了它。

这只狸花小小弱弱的，一身黑黄相间的条纹。据说原来头一天就在工地附近发现了，被我们工地的一个工人带回去了，家里的小女孩喜欢得不得了，可是被向往自由的它抓住机会，从二楼上逃走了。没想到今天又落到了我们的手里。抓到小猫的我们也不知道该怎么办，正好前两天在我们厨房看到大只大只的老鼠，也许我们可以给它一份工作。可是这家伙皮得不得了，放到纸箱中手一松，它就钻到了我的车下面，后来还是凤伦钻到车下面，再次俘获了它。

回到驻地，先给它准备了一个大纸箱，静帆同学提供了她多余的枕头。凤伦用他精湛的手艺把它拴了起来，绑在了塑料凳腿上。家里养了两只猫的有经验的胡霖给它提供了自己的火腿肠。我们简短地开了一个会，准备收养它，养大后能解决我们驻地多鼠的问题。

第二天早上，我们给它精心准备了牛奶餐，却没有在驻地大厅中发现它。一旁正在绘图的胡霖淡定地告诉我，因为对陌生环境的害怕，这个小家伙挣脱了绳子，躲在沙发的角落里。按照胡霖的指导，我们把牛奶和饮用水等食物给它放在客厅的中央，离火盆稍稍地远了点，等待它饿了之后自己去吃。

几天后，小家伙习惯了这样的环境，稍稍地能放开自己，在我们工作时，它

“医科大”小照

常常静静地趴在工作台下的茶几上，偶尔它也会旁若无人地做“跑酷”运动。有一天周所来开会时，给它取名“医科大”，准备等我们工地结束的时候收养它。

对于软萌可爱的小猫咪，绝大多数人都不存在抵抗力，哪怕是清理古人墓葬面不改色的考古队员也是如此。很快，医科大就成为我们考古发掘队员们的团宠，我给它买了碗和猫咪除臭喷剂，静帆同学给它买了猫条、猫粮、猫砂和逗猫棒，胡霖给它准备了大堆的猫罐头，杨磊从家里拿来了芸豆（一只猫）曾经使用过的一个大大软软的猫窝。每天出门前，静帆、锦华和静寂会给它准备好吃的喝的，中午回来给它清理屉屉。很快这小家伙就完全放弃了防备，烤火时、工作时它就在旁边呼呼大睡，偶尔还会在你的头上爬上爬下，躲起来时你只要在手机上打开母猫的叫声就可以听到它的回应。

动物们的领地意识是很强的，虽然我们并未发现这个地方的霸主是谁，也不知道它为什么没有管理那些越来越厉害的老鼠，但还是在房屋的周边看到一只半大的橘猫在跑来跑去。有一天早上没有看到医科大，后来听到声音在陆师所开车的引擎盖下，据胡霖分析可能是晚上的时候橘猫来抢地盘，打不过的医科大就躲在了里面。为了保护它，我们也关注了其他的猫咪。可惜，防不胜防，一天早上起来后，没有再听到喵喵声，打开手机中的母猫叫声也没有了回应，估计它应该是同那天一样，钻到了某一辆车的引擎盖下，在没人注意的时候被带到了工地附近。

二十余天的快乐是短暂的，就如我小时候养的猫咪总是失踪一样，医科大也远离了我们。希望它在外能够自由地生长，或许又遇到其他的人，开启一段温馨的生活。

生活的馈赠

王静寂　　贵州省文物考古研究所

盛夏，午后，初识大松山。第一天见到大松山就被这个墓群的规模所震撼，感慨面积之宽广、规模之庞大，同时也很期待这片土地下埋藏的惊喜。刚到大松山的第二天就在工地上幸运地看到了彩虹的出现，这也注定这段经历会充满快乐和收获。

每发掘一座墓葬都是在体会拆盲盒的快乐，总会给人带来惊喜，在没拆开之前永远不知道地底下埋藏了哪些随葬器物，每件器物的保存状况良好与否。尤其是在规模如此之大的墓群拆盲盒，让每天的工作又增添了一些神秘感和新鲜感。

盛夏午后大松山的天空

刚开始独立清理的第一、二座墓葬都是土坑墓，坑内并未出土任何器物。带着略微失望的心情开始了第一座石室墓 M69 的清理，M69 开局便满是惊喜，墓内出土器物总数达 20 多件，包括手镯、梳背、戒指、发钗、料珠等。种类包括铜器、铁器、瓷器、陶器等。看到墓内出土长约 30 厘米的铜发钗和精美的银梳背时，我开始想象墓主人是怎样用精美的发饰来为自己梳妆打扮，盘的肯定是那时候最时兴的发髻，佩戴的是自己喜爱的首饰，想必墓主人生前定也是一位爱美的女子。

清理 M69 过程中令人印象最深刻的是清理料珠，料珠由于体积较小且部分材质特殊容易腐烂，清理起来难度较大。在清理 M69 料珠及其他器物时都是老师们在帮着清理，教我在最大程度上保持出土器物的完整性，以及器物清理过后的提取与保存。虽然后期清理了比 M69 器物种类更加丰富的石室墓，但 M69 在我心中仍然是不可磨灭的深刻记忆。

随着发掘不断推进，墓葬数量每天也在不断增加，从最初估计的 600 多座到编号至 1 000 再增加至 2 000 座时，心里对整个墓群的认识更加深刻。土坑墓与石室墓之间的打破关系也逐渐出现。墓葬发掘的重难点之一大概就是土坑墓的清理辨别，以及墓坑之间打破关系的判定。

土坑墓的清理重点在于是否找到墓边，对于墓边自然脱落到生土层的手感是需要经过实践才可得出，从最初的找不到边到后来逐渐有了一点心得，这都是量变到质变的过程。土坑墓虽小且数量稍逊于石室墓，但也会带来惊喜，墓内同样出土瓷器、陶器、漆器、铁器等。而且由于大部分土坑墓被石室墓所打破，所以年代一般都会稍早。墓内部分出土器物器型与石室墓会存在差异，体验同种器物之间不同的器型变化，这也是拆盲盒带来的惊喜。

刚开始学习辨析土质土色的区别时，可以说是两眼抹黑。看着复杂的打破关系，无法清晰辨认出墓葬范围，真是令人头痛的存在。“多刮多看”，在老师们的帮助下，逐渐才对墓葬填土有了更直观的感受，开始学会辨析墓葬填土与其余土样之间松软程度、色泽等的区别；通过对平面和剖面联系起来观察，从墓葬四壁和平面的情况去判定打破关系的有无。

M69 发掘照片

在田野考古中，我不仅学会了原始的发掘手段，还感受到了科技给生活带来的便利。发掘完墓葬以后，除原始的现场手绘以外，我还

航拍视角下的考古发掘现场

学会了利用平板进行扫描后建立模型。得出具体数据及照片后，专业人员在室内进行电脑绘图，使用平板进行建模的墓葬精确度非常高。利用平板扫描建模也大大提高了工作效率。

生活不只有工作，日常琐碎也让人乐在其中。在工地吃到了来自陕西的正宗手擀面，下雨天集体包饺子、包抄手的场景还历历在目。在院落乘凉喝茶时的惬意，看夕阳西沉、云卷云舒的舒适，闲聊时的放松，冬天围炉而坐的温暖，涮火锅时的热气腾腾，生病时的互帮互助，日常的细微美好构成了一幅幅充满人间烟火气息的生活图景，实属人生中一段不可磨灭的深刻回忆。

“我为我喜爱的东西大费周章，所以我才能快乐如斯。”能够在考古工地参与发掘是一件幸运的事情，下工地进行实践体验和在课堂上学习理论知识是截然不同的。亲自去感受脚下黄土带来的触感，去获得黄土所给予的惊喜，去学习土地教会的知识。得益于老师们在工作上的帮助与指导，在生活上的关心，才让我通过这段经历不仅实践水平得到了一定的提升，同时内心世界得到了充盈。

小人物与大功臣

杨凤武　四川大学考古文博学院

川大发掘自2022年7月21日正式启动后，多点并行，每个点深处山林中的各个山包，安全问题成了我们最担心的一个问题。7月22日，韩东老师又给我们分配了一帮工人。民工多了，自然同时发掘的点位就更多了。23日早上，民工大多都集中在分布有5座墓葬的四川坟地点，请示白老师后决定找两位民工值守。我到民工中询问是否有人愿意，当时已经相识的陈化玉和另外一位有意，但听说要日夜值守并晚上巡查各个点后，他们表示害怕得很，担心晚上出来遇到鬼。我再问是否有人愿意，两个新来的应声说他们可以，看上去他们都比较魁梧，一高一矮。由于老陈不愿意，这两个新人又不了解，我心里还有点忐忑。我再三强调值守要求后，他们很淡然地表示不害怕，他们都能做到。下午记工的时候我才知道他们一人叫胡永华，一人叫杨陈，自此开启了我们长达半年的合作之旅。

开始的时候，我们把帐篷安置在小团坡的荒草地里，主要是为了看守出土不少器物的小团坡M1、M2。此时我买的床还没到，他们便自带纸壳、蚊香、手电等，在地上睡了几夜。开始几天，我便时不时打电话问他们在工地没有。直到7月27日，此时帐篷已经搬到了北边地点，这天下午我们收工回酒店，刚到半路，施工方打电话给白老师，说是机械把棺材挖出来了。我们

胡永华、杨陈在运送出土文物

考古工地的大厨——胡永华

大吃一惊，于是我立即返回查看，原来是在帐篷后面挖出了一块鲜红的棺材盖板，但明显是现代坟被迁走后遗弃的，于是我给老师汇报后准备返回。此刻，乌云密布，压城而来，顿时电闪雷鸣，大雨倾盆而至。我和在工地上的杨陈赶紧上山，把小团坡上未清理完的墓葬盖好雨布，又迅速跑回帐篷躲雨。通过交谈得知，他原本是一名杂工，在本地以帮人家迁坟、砌筑新坟为业，无活则在家干农活，主要是种葡萄。他给我讲述了他的家庭情况和为人处世原则，尤其是他为了自己孩子不学坏，想办法让他去当保安都让他觉得很值的观念，深深触动了我。他又给我讲了一些关于迁坟立葬的风俗。此外，他也给我介绍了他口中的老胡。老胡略懂建筑，本来一家幸福美满，但是一些变故让他从浙江回来，只能在周围做些杂工，几年来心情一直不好。这算是第一次对他们有了较为深入的了解。

后来，我们买了监控安在工地上，我通过手机可以看到他们每天晚上多次巡查，慢慢地对他们加深了信任和了解。茶叶林 M1 墓室很深，受挤压很严重，两侧壁随时都有要垮掉的可能，我们还在为此担心，胡永华听到后，主动提出他会做支架。于是他骑着摩托车去镇上买了一些木板及工具，等下午我们来上工时，他们已经趁着午休的时间搭好了支架。此后，但凡需要，他们可以清理、推土、做木工、搬运、采购、调度，每天来回穿行在发掘现场，这些角色随时变换，但极少是由我们安排他们才去做，多数是他们自觉的行为，他们已经把川大的发掘当作自己的事来看待，极有责任心。早上工、晚下工，他们从来没有提出要加工天，都是本着一起出力，多花几分钟解决问题，大家好安心休息的想法去做，这和其他斤斤计较的民工有本质的区别。实际上，只要是超出工作时间的，我都会给他们加工时。工地需要撑伞、摆放桌子，他们总是在我们想到之前已经选择合适的位置撑好、摆放好；下工时一些小工具需要收，他们都叫我们赶紧下班，他们会来弄。一段时间过后，我们相处非常融洽。

完成上午发掘工作后的胡永华

胡永华惯常带着一把多年前的杀猪刀，上面还刻有匠人留下的奇怪符号。每当需要修理工具、斩草前行的时候，他都是用这把刀，他总是开玩笑说这是一把有历史的刀。后来我们削竹签、割东西都是用它。我们到大松山后，聚了两次餐，大厨老胡也是用这把刀切菜、砍柴。当多数人还在洋沟土发掘时，我和白老师就计划派一部分人到烤烟房去发掘，两地相隔两公里左右，来回不方便，于是就派老胡带着人过去，于是他就在烟尘里来回穿梭了好几天。这种情况有很多次，每次老胡都把事情干得非常完美，无可挑剔。有一天，我到烤烟房地点去查看，老胡正在指挥清表。我说周围这么多梨树，能不能摘点梨吃，他把后面羊艾农场的历史给我讲了一遍，又讲他们小时候来偷梨、偷茶的各种趣事。由于农场已被征收，梨可以随便吃，他带着我一棵又一棵地试吃，凭着他几十年前的记忆，直到找到最好吃的那棵树。老胡还是一个非常有创意的人，我们刚到大松山清表，一直是晴空万里，太阳热得让人难以忍受，老胡见状，拿着杀猪刀到旁边地里砍了两棵桂花树过来栽在工地上，大家看着绿色的叶子，好像不那么热了。民工还把水挂在树上，休息的时候在树荫下喝水、乘凉、抽烟、开玩笑。这是其他几个单位没有的待遇。见此之人，都说很有创意。大松山发掘区是个斜坡，老胡、老杨主要负责运土，一般人只要安排两个墓以上的土就要闹，有时候人手不够，他们两位最多每人负责运六个墓的土，我说要不要安排人手协助他们，他们每次都拒绝了，都说问题不大。11 月 2 日早上，老胡给我们几个说了下午去他家吃饭，我们不肯，后来杨陈说出理由，原来是老胡孙子早产，其夫人为孙子求得菩萨保佑，当天做斋还愿，我们也就答应了。下午上工期间，我到马场镇买了一些礼品。下工后，我开车，和北平、嘉鑫、佳骏一起去老胡家吃饭，老胡一家热情招待了我们。后来，寒冬来临，老胡说要做当地的“刨锅汤”给我们吃，为了不让他破费，我就找个理由拒绝了。

老杨和我一个姓，他总是喊我小本家。他最大的爱好的就是吃瓜子，每天去上工，都能在帐篷里看到瓜子或瓜子壳，他兜里也随时装有瓜子。相比老胡的粗犷，老杨非常细心、灵活，善于做细致活，这可能和他之前的手艺活有关。我们此次发掘，为了避免小件文物漏网，收集了不少墓室里面的填土，川大原来区域有 400 多袋，大松山区域有 100 多袋，每次都是老杨负责堆放。到了淘土的时候，老杨按照单位发放，未出现一次错误。尤其是 2023 年 1 月 6 日至 10 日，将大松山区域的填土拉到大松山水库大坝边淘

在淘洗现场的杨陈

洗，此次参与人数多，淘洗量大，发现的珠子多，老杨一个人负责十来个人的淘土工作，一边发放填土，一边记录淘洗单位和发现的器物，每个人节奏不一，同时淘洗的单位又不一，说起来简单，要统筹好是一件不容易的事。最终至淘洗完成，未发生任何错乱。2022 年 10 月初，工地只有我和白老师两个人，其他人都返回成都去了。恰逢发现了坝坎边 M1，我分出几个人过去清理，善于刮面的老陈也被我调走了，其他几个会刮面的又都不来了。此时，工作正进行到川大区域中部，由于是房基，沙石非常多，没有人愿意来刮面。老杨见状，自告奋勇，从推土工作转换为刮面。干考古的都知道，刮面是最难的，不仅要巧劲，还要体力。老杨就是在如此情形下，配合白老师，基本将第二片区刮完。每次下工我过来看，老杨都累得不行，但干劲十足。最终，密密麻麻的墓葬都显露出来。可以说，10 月份前半个月的工作能正常进行，老杨发挥了至关重要的作用。老杨对我们这些小辈很关心，有一次他去赶集，看见有人卖当地特产引子糖，他就给我们买了。结果李佳骏特别喜欢吃，每次下工的路上，肚子饿得不行，我们几个就边吃边感谢老杨。他听说李佳骏喜欢吃，后来又给我们买了一次。佳骏还和他约好，等回家的时候请他帮忙买几盒带回去。可惜临近回家却因太忙把这事忘了。

老胡、老杨在川大整个发掘过程中，付出了很多心血，奉献了他们的勤劳和智慧，许许多多大大小小的事情都是他们在默默地替我们承担。川大白老师的团队能圆满完成发掘任务，离不开这两位小人物、大功臣。

别样的收获

李晴晴　　贵州民族大学民族学与历史学学院

2022 年 12 月，有幸参与了贵阳贵安新区的大松山墓群考古发掘工作。这次难得的机会让我收获了一段难忘的时光。大松山墓群是贵州地区非常重要的一处古代墓葬群，其时间跨度非常长，从两晋至明代时期的墓葬都有。其中早期墓葬被盗掘现象很严重，但还有很多宝贵的遗物被保存了下来。这些墓葬的形制和结构也各不相同，有的是石室墓，有的是土坑墓。而我们主要是对坟坝顶区域的土坑墓进行清理和发掘。

贵州的古代历史相较于周边文化大省有许多不同，而这次发掘经历让我对贵州古代历史——至少是明代历史——有了更清晰的认识。在大松山墓群我一共清理发掘了 16 座墓葬，这些墓葬都是一些明代的土坑墓。它们都是当时当地的平民墓葬，形制简单，没有奢华的随葬器物，甚至部分墓葬没有随葬器物，但它们却是研究明代时期贵安新区丧葬文化的直接材料。随葬器物常以一两件陶瓷小罐为主，偶尔见陪葬陶瓷罐子和漆器的组合，它们都是当时人们日常生活习俗的真实表现，也让我明白了考古发掘工作并不是我们想象中的开宝箱，有数不尽的珍贵器物让我们去记录和了解，也可能只是寥寥的数件遗物而已。

考古发掘经历刷新了我对田野考古工作的具体认识。野外工作必须能吃苦，在工地上需要时刻保持谨慎周密的工作态度，凡事都需要亲力亲为。不论是工地上的普通发掘者，还是带队的老师们，都是如此，事必躬亲。对待考古工作的态度，感觉不仅仅是一种责任，更多的或许是对考古的热爱！

在考古工地上大家就是一个集体，团结一致才能克服各种难题。我们的发掘时间正值 2022 年年末，疫情管控的突然放开让人措手不及，工地上陆续有人感

考古工地一览

染了新冠病毒，工地上工的人一天比一天少。我深刻地认识到了病毒的强大，意识到人类的力量在大自然面前是如此的渺小。但是，我也感受到了人情的温暖。在领队老师们的带领下，我们及时采取了一系列的防控措施，包括测量体温、佩戴口罩、消毒、发放药物等，以确保每个人的健康和安全。带队的老师们非常负责，即使在感染病毒期间，仍坚持组织工作，督促大家好好休息，每天都关心大家的身体状况，提醒我们做好防护工作。他们的关心和照顾让我感到温暖和安心。幸运的是，大家最终都康复了，并陆续投入了发掘工作中。在这个过程中，我深深地领会到了团队的力量。在考古工地，我们是一个团队，大家互相关心和帮助，共同应对疫情，团结一心，最终克服了困难。每个人都在自己的岗位上尽职尽责，互相帮助，才能共同完成这项重大的发掘任务。

在发掘中我学到了很多书本上没有的田野知识，收获了许多宝贵的经验。第一天，老师让我们试着分辨土质土色，但我却有深深的挫败感，因为我无法分辨出土色之间的区别在哪里，总有种玄学的感受。然而，通过几天的发掘和观察，我逐渐掌握了一些辨土的技巧。挖下去时，土质有的硬实，有的松散，土色有的偏黄，有的发灰，这些都需要时时注意着，以便更加准确判断遗迹性质。M853是我发掘的第二座墓葬，这是一座竖穴土坑墓，墓室长118厘米，宽44厘米，深约 18—26 厘米。墓的规格不高，第一天发掘的时候只在墓室前部西北角发现一件青白瓷小罐。第二天打算对其进行清理做完工准备时，在其墓内东壁发现了一块圆形的黑色遗迹，用铁铲敲打时能明显感觉到这块土质比周边更硬，这对于我这个考古小白（新手）来说就是发现了新大陆。毕竟我挖的第一座墓是座空墓，我还为此失落了好一会。发现了这片黑色土块后，我立马叫上了老师，老师用手铲一点一点掘土，动作相当谨慎。老师说这里有可能是个壁龛，里面可能会有器物，为了避免破坏陪葬器物，挖的时候一定要小心。挖着挖着，确实有块红色漆皮露出来了，从墓葬内壁观察其形态，只能看到一片薄薄的漆皮，判断有可能是一个漆盘。由于其生存状态太过脆弱，按照工地的器物提取操作方式，只能套箱带回室内，之后再送去专业的机构进行清理和修复。以前在学校学习的都是理论知识，通过这次实践才发现实际的工作并非想象中那么简单，发掘中总会碰到有各种问题的器物，对待它们要更加地谨慎和小心。

发掘完的墓葬

考古工作不仅仅是获取古代遗存的精美文物或者其他内容，更重要的是通过发掘古代遗址，指导我们对古代社会进行研究，以了解古代人类的生活方式、文化传承和社会发展等方面的信息，这对于我们了解人类历史和文化的演变有着重要的意义。大松山墓群是西南地区目前为止所发现的规模最大、延续时间最长的墓群，对于贵阳古代历史的研究更有着极为重要的意义。2023 年 2 月 28 日，贵州贵安大松山墓群成功入选 2022 年度全国十大考古新发现，让我感到十分开心和骄傲，这是对每一个参与考古发掘的人员工作的肯定。

这次考古发掘让我认识到很多，比如考古工作的意义不仅仅在于发现遗址和遗迹，还在于它是文化遗产保护的重要一环。只有通过考古工作的开展，才能更好地保护和传承我们的文化遗产。其中，考古发掘工作只是考古工作的一部分，后期还需要进行文物的保护、修复、展示和利用。

这次参与大松山墓群考古发掘是一次难得的机会，让我深入了解了中国古代文化和历史，并且深深地感受到了古代文化和历史的博大精深，它们是我们民族的瑰宝，是我们民族的根和魂。我们要珍惜这些文化和历史，传承和发扬它们，让它们在新时代焕发出新的光彩。同时，考古工作需要社会的支持和关注，以实现更好的发展和进步。我们每个人都应该关注和支持考古工作，为保护和传承历史文化做出自己的贡献。

悠悠大松山，千年古墓群

马子璐 贵州民族大学民族学与历史学学院

作为一名文物与博物馆专业的学生，在去考古工地实习之前，一直觉得文物自带一种高冷范和神秘感，总是安安静静地待在博物馆，等待观众去了解和深挖它的魅力。在此非常感谢贵州考古所给我这次珍贵的实习机会，让我第一次与文物有如此近距离的接触，也非常荣幸参与了 2022 年度全国十大考古新发现之一的贵州省贵阳市贵安新区大松山墓群的发掘工作。

大松山墓群是目前贵州考古历史上发掘规模最大的一处墓群，也是西南地区规模最大的墓群。它的发现为建立云贵地区历史时期考古学年代标尺，为研究西南边疆古代民族、中华民族共同体的形成提供了重要的依据。通过这次大松山墓群的考古实习，我第一次将课本上的理论知识转化为具体实践，从而对文物学、考古学有了更深入的了解，对未来的学习和研究有了明确的努力方向。若要评价在大松山墓群实习的生活，我一定会说先有敬畏、猜想、疑惑，后有艰苦、乐趣和释然。

初到考古工地，我已被周围的环境所震撼，满地的墓葬遗迹对我一个久居校园的学生来说，到处都是陌生和新奇。整个墓群依山势排列，对于“地无三里平”的贵州来说，这里视野开阔，山水相依。虽然那时已入寒冬，但是求知的欲望让我忘却了寒风侵肌，从老师手中领取发掘工具后便投入工作当中。在董州老师的亲自指导下，我第一次在课本外见到地层的关系并试图去识别。望着几千座墓葬，它们之间互相叠压、打破，让我不由得对当时人们的社会生活充满了探知欲。我用手中的手铲去刮墓壁和墓底，辨认土质、土色，划分层位关系，从而一步一步地去了解古老先民的历史。刚开始使用发掘工具时，并不顺手，因为缺乏发掘经验，导致开挖没多久手上就磨出一个水泡，半天连半个墓葬都没有发掘完毕。看着旁边动作熟练的阿姨，一股挫败感涌入心头。发掘工作虽然很辛苦，但是通过亲自动手挖土，可以使理论知识快速转换为实践经验，以至于在后期的工作中，我可以很快识别出是否挖到生土层。

考古绘图是考古工作中不可缺少的一部分，它的作用贯穿在整个考古工作中。一份完整的考古发掘报告都附有一定的绘图资料，这样才能更加鲜明表现考古报告的真实性和准确性。在实习过程中，韩文华老师手把手教会我如何正确地、客观地绘制出墓葬的平、剖面图。特别是在绘制有随葬品的墓葬时，需要更加仔细地观察和测量，观察器物的形状、纹饰、材质和残缺，在绘图时都应该准确表现出来。测量、绘图和拍照是一套完整的工作流程。在考古发掘现场，拍照工作主要是利用无人机拍摄高清的照片。在这里我再一次感叹科技的伟大力量，为人们的生活提供了许多便利的条件。当前许多新的技术和方法被广泛应用于田野考古工作当中，如 3D 扫描建模、无人机拍摄、分析检验技术、现场文物保护技术等，都使得考古现场的记录、提取信息变得准确、快捷和方便。在这次实习的过程中，我不仅学到了田野考古的技术和方法，也学习了如何在发掘工作中合理使用新的技术和设备。

老师在课堂上讲过，“考古是一门遗憾的艺术”，主要体现在不可逆性的特点上。每当挖到随葬品时，我的心情是无比复杂的。一方面是开心，随葬品的发现为我们了解历史提供了可供研究的实物资料，它就像是一扇窗户，给了我们窥探古人生活的机会。另一方面是遗憾，有许多遗存在我们打开墓室前已经随着时间的推移而消失，残存下来的遗物也会在墓室打开的极短时间内因为氧化变得暗淡无光，失去曾经的光芒，可能只有作为发掘者的我们才能见证它最初的样子。马王堆汉墓曾出土过一碗藕汤，当考古工作者

打破呈“十字形”的墓葬

墓葬铲边

墓葬出土随葬器物

打开盛有藕汤的漆盒时，藕汤还清澈见底，藕片还完好无损，可在接触空气的一瞬间，这碗藕汤便化为一碗“黑水”。在大松山墓群的考古发掘中也遇到了类似的事情。胡昌国老师在实习期间带着我们进入文物仓库进行学习，有一件瓷罐让我记忆犹新。我清楚记得胡老师拿着它，满脸带着遗憾地跟我们讲它刚出土时的美貌，在出土后的几分钟内釉层氧化，变得暗淡无光。那种遗憾和无能为力在我们心头久久萦绕。

并不是每一个墓葬都有随葬品。有的墓葬内的随葬品会随着时间的流逝逐渐腐朽消失；有的墓葬因各种原因，在下葬时未随葬器物。所以，在挖掘一个墓坑时就像开大型盲盒一样，内心总是颤抖的、充满希望的，因为谁也不确定能否出土器物，出土的器物是否完整。在发掘过程中，每当出现器物的“影子”时，便开始幻想器物最终出土的样子，是罐，是碗，还是瓶，抑或是其他的样式。于是接下来的处理更加小心翼翼，尽可能地保证器物完整地出土，不被人为地二次伤害。

在实习的最后几天，我们开始对实地获得的数据进行整理和研究。我们使用各种科学方法和技术对文物和遗迹进行分析，并与历史文献和其他考古研究成果进行比对。这个过程让我深刻体会到考古学是一门综合性的学科，需要结合多个学科的知识和技能进行研究和解读。通过这次实习，我获得了许多宝贵的经验和感悟。首先，考古发掘是一项需要极大耐心和高度细心的工作。在挖掘和清理文物时，每一步都需要谨慎小心，以免损坏器物或丢失重要的信息。其次，考古工作是一项团队合作工作。在实习中，我与同学们密切合作，共同解决问题和克服困难。只有通过团队的协作，才能顺利地完成考古工作。此外，通过与文物和遗迹的接触，我深刻感受到了中华几千年历史的厚重和文明的延续。每一个发掘出来的文物都是过去人类活动的见证，它们承载着丰富的历史文化信息。对于研究古代社会和文明的发展，考古工作起着不可替代的作用。而且这次实习也让我认识到了考古工作的挑战和艰辛。考古学是一门需要长期地研究和耐心地积累的学科，每一个发现都只是众多谜题中的一部分，需要进一步研究和解读。正是这种挑战和探索的过程，使得考古学如此迷人和有趣。这次实习不仅拓宽了我的学术视野，也增强了我对古代文明的热爱和敬意。我相信，在未来的学习和研究中，我会进一步深入考古学领域，为揭开古代文明的谜团做出自己的贡献。一个月的考古实习已结束，寒风使我脸上留下皲裂，手掌生出一层薄茧，内心的充实却将是我一生的财富。

考古，烤火，烤红薯

王吉才 贵州民族大学民族学与历史学学院

我离开大松山考古工地已经有一段时间了，再次收到相关消息是从贵州省文物考古研究所参选“2022 年度全国十大考古新发现”开始的。像是一颗颗石子投到湖中泛起的阵阵涟漪，各种相关的新闻、视频、直播等，让过去的回忆又重新浮现在我的眼前。有趣的是，除了记忆，考古工地的许多味道更加让我难忘。

在大松山考古工地的日子里，每天的工作和生活内容都与此前我实习过的所有工地一样大同小异。简单来说就是，白天发掘，晚上整理资料。当然，在大松山我还是接触到一些新鲜事物。

在此次的考古工作中，我们需要对发掘的墓葬建立三维模型，实现信息的多维采集。进行三维建模的设备是带有激光雷达的 iPad Pro 平板，软件为 3d Scanner。苹果在平板和手机中加入激光雷达的初衷是应用在家居设计等领域，出人意料的是，在考古工作中应用这个功能竟如鱼得水。我想，苹果 CEO 库克先生可能怎么也不会想到他们设计的产品在中国考古工地应用的场景。他若看到中国的学生拿着 iPad 在不断地扫描墓葬中的随葬品及探方的各个角落，那场景该多么有趣啊。

其实在考古领域看到任何设备都不足为奇，因为考古学一直以来都是多学科交叉融合的专业。比如大疆公司可能也没想到，本以娱乐为主的无人机设备会成为每个考古工地的标配。

而在我们的文物修复室，修复的技师在修复青铜器、铁器等金属文物时，手里拿的却是洁牙器！第一个将洁牙器应用在文物修复工作中的人可能无法考证了，但我还是十分佩服他的想象力。洁牙器用于除锈的确有较多的优势，例如清

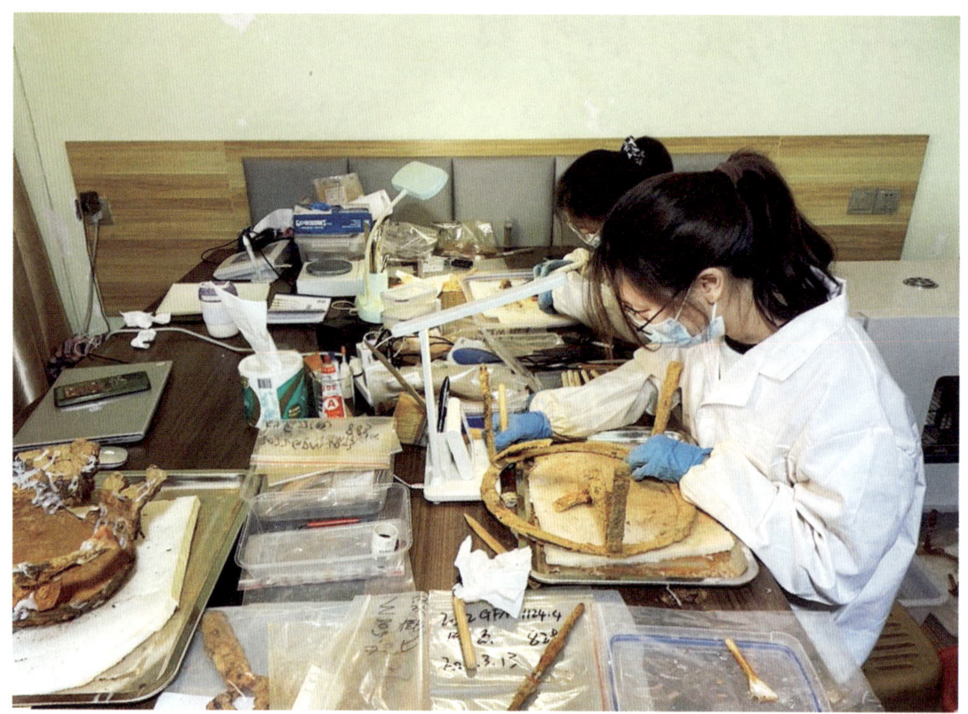

文物修复师使用洁牙机除锈

洁效果好，对文物的损伤很小等。修复师们就像牙科医生保护我们牙齿一样保护文物，这种莫名的关联使我感到无比有趣！

在发掘期间，我还学到了一个令我印象深刻的新知识点，那就是毁器习俗。在我发掘的墓葬 M605 中，有 3 件随葬品：墓葬中部发现一枚蓝色玻璃珠；墓葬西部发现一个酱釉瓷罐，但是瓷罐耳朵部位已经残缺；墓葬的东北部发现残缺的瓷耳。在之后的观察中，我发现该瓷耳与前述酱釉瓷罐的耳部吻合。

我将此情况汇报给领队胡昌国老师，胡老师解释说该酱釉瓷罐在放入墓葬陪葬时，人们刻意地打掉器耳扔到别处，这种刻意破坏随葬品的行为被称作“毁器”。大松山墓群的许多墓葬中都出土有这种残耳酱釉瓷罐，也就说明了“毁器”是该墓群的一种葬俗。

这些残耳瓷罐胎质坚硬，施釉均匀，造型较为精美，应当是用实用器毁坏随葬。郜向平老师曾研究商墓中的毁器习俗，认为无论是将实用器毁坏来随葬，还是制作专门的明器来随葬，本质都体现了一个观念，既生与死是不同的，死者的用器也应该与生者的用器有所不同①。

此次在大松山考古实习的时间是在 2022 年 12 月，正是贵州的冬天。我是山东临沂人，后来去到济南上学和工作。临沂的冬天我经历过了十几次，老舍笔下济南的冬日我也体验了七八回，但贵州的寒冬我还是第一次见识到。

总的来说，相似之处是冷，不同之处是一个更比一个冷。贵州的冬天经常下雨，所以非常湿冷。但特别的是，每次的雨量都不大，还多是在晚上降雨，白天再慢慢转晴。众所周知，在考古工地是没有节假日的，除非特殊情况，我们每天都需要上工，遇到雨天才会转到室内整理资料，或者难得休息一次，这种休息通常被我们称为“雨歇”。

但在冬天的贵州，我那“雨歇”的梦每次都在毛毛雨中被破灭。

在考古工地时，我对于雨的感应十分灵敏，哪怕一滴小雨花落到外套上，我都能注意到它的存在。当我感应到落雨时，便会下意识惊呼：“下雨了！”然后开始暗暗期待着领队宣布雨歇的消息。可是在这里，天公却十分吝啬，那淅淅沥沥的小雨并不影响工作，我的梦便破碎了。

不知道是伤心的缘故，还是客观的寒冷，在整个实习期间，我深刻地体会到了贵州的寒冬。这时，在考古驻地支起一个火炉就是工作中最幸福的事。我们每天上班的第一件事就是在休息区生火。工人们会顺手从家里带点柴，将柴放入带提手的火盆中，点燃柴后放上木炭，抓住提手左右摇摆，借助风力快速引燃木炭。于是在工作之余，我们就可以靠到火炉旁取暖。冷中寻热，苦中作乐，这也许是我们考古人的必备技能吧！

我是个“吃货”，爱吃，也爱琢磨吃。在工地的工人们出于物尽其用的原则，在固定的火炉旁放上从家里带的红薯。这样，我们在空地休息时，不仅可以喝热茶，还可以品尝香甜的烤红薯。不知道为何，我想起钱锺书在《围城》中说：“烤山薯这东西，本来像中国谚语里的私情男女，‘偷着不如偷不着’，香味比滋味好；你闻的时候，觉得非吃不可，真到嘴，也不过尔尔。”在贵州湿冷的冬天，我们

① 郜向平．商墓中的毁器习俗与明器化现象 [J]. 考古与文物，2010，No.177(01):42-49.

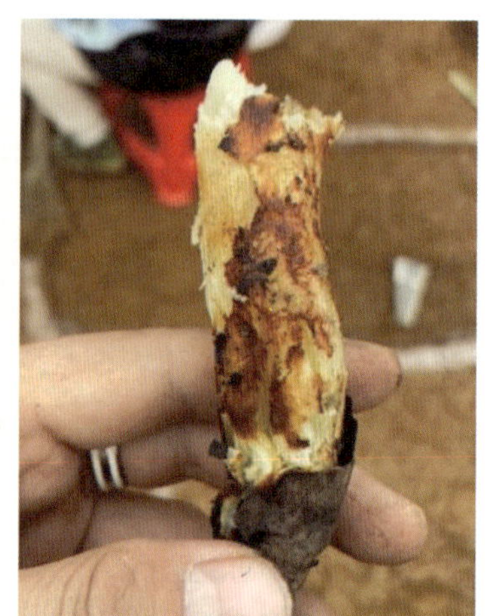

在考古工地上烤红薯

几个人坐在山坡上，不远处就是几千座墓葬，手掌感受着红薯的滚烫，脚底是穿越千百年而来的古老土地，我的心也滚烫着，却无法言说，只有一股热气随着烤红薯在口中咀嚼，轻轻呼了出来。

现在想来，红薯都是工人们卖不出去的残次品，外形细瘦，烘烤时没人照看，外表大多碳化。等到我们剥去红薯皮，里面的红薯肉还不如火腿肠大。吃完红薯后，我的嘴角和牙齿黢黑，脸上的笑容却十分灿烂。后来偷得半日闲，跑到镇上的集市搜寻，但最终也没有买到这种红薯，实在是一种遗憾。也许在以后的某个冬日，我走在街上，听到远处卖红薯的叫卖声，我还会想起在考古工地吃红薯时，那个贵州的冬天。

我在大松山考古工地实习的时间不长，只有半个月。时间虽短，内容却很精彩。贵安新区大松山墓群成功入选“2022 年度全国十大考古新发现”，这背后离不开每个考古人的努力。现在想来，在考古工地工作时还是有些辛苦，但是随着时间的推移，辛苦都早已忘却，心中只记得那年在贵安新区大松山墓群考古、烤火、烤红薯的日子。

万物皆可“考”

周英琪　　贵州民族大学民族学与历史学学院

纸上得来终觉浅，只熟悉课本知识的我们到了工地却是一脸的蒙，做啥都不会，看啥都稀奇。我们首先进行了一次全面的发掘工具讲解课，了解了每种发掘工具的名称及使用方法，在老师们演示完一遍发掘过程后，我们就开始自己上手了。每人都分配了一位民工阿姨，她们都是当地的村民，从大松山墓群清表时就已经参加考古发掘工作了。相对于刚来工地的我们来说，她们对这些墓葬的了解程度远比我们高。因此，在发掘中，她们给予我们的帮助是巨大的。不仅仅只在考古发掘上，而且因为她们从小生活在这片土地上，对这里的土地、植物、风俗、历史、文化都有着非常深刻的认识和了解，所以经常会给我们一些非常有用的意见和建议，帮助我们更好地开展工作。

冬季的贵阳干燥少雨，土质坚硬。在开始发掘前，我们首先要对准备发掘的墓葬浇水，浇一层水后等十几分钟就可以用锄头进行大范围的刮面了。根据土质、土色的不同，仔细观察墓葬的具体位置，确定好墓边，开始逐层发掘。每发掘完一层都要对其进行观察和记录，以备后续的分析和整理。发掘工作需要一定的体力和耐力，手持铲子和锄头在土堆中不断地挥动臂膀，身体不断地弯曲和伸展，这很容易让人感到疲劳和酸痛。每一次发掘都需要非常小心谨慎，以免破坏墓葬中的随葬品或墓主人的遗骸。我们需要做到稳步向下发掘，遇到饰品、器皿等重要文物要立即保护好它们，这需要相当高超的技能和敏锐的观察力。

我负责发掘的第一个墓葬是M850，我永远记得当清理到第二层，在墓室的西面发现随葬品痕迹时，我的心情是多么的激动。在发现随葬品冒头的情况下，接下来的发掘过程需要更加小心谨慎，谨防小件随葬品被忽视或者陶罐、瓷器等

发掘中的墓葬

被挖碎。在墓中发现的陶罐令我欢欣鼓舞。由于时间久远，陶罐的表面已经斑驳，器物疏松、破碎，但我依然带着一份敬畏和激动，小心翼翼地进行清理和记录。M850没有发现人骨的痕迹，还是略有遗憾的。老师们告诉我，贵州地区的土壤富含酸性物质和微生物，墓葬中通常很难发掘出人类的遗骸。工作的过程中，老师们给我提供了许多帮助和指导，纠正我的操作方法和记录方式。进入考古工地才知道，详细地对每一个发掘出来的墓葬进行记录，才能尽量准确地保存墓葬的信息，对于我们之后的研究工作有着很重要的意义；如果不能严谨、细致地完成考古发掘工作，这些材料的真实性和可靠性便会大打折扣。

刚开始时，对于土色的辨别是真的一点都看不出来，觉得都是差不多的颜色，无法分辨。但连续几天和大地有亲密接触后发现，土色是真的有差异的，而且除颜色有差异外，土的密度也不同，有的土层土质较为致密，有的土层土质则较为疏松。随着发掘工作的深入，墓葬的随葬物情况也更加复杂多样，有的墓葬随葬三四件器物，而有的墓葬则无随葬品出土，而且随葬器物的多少与墓室大小没有关系，有的墓葬虽然墓室小但是出土随葬器物多，而有的墓室大但是未出土任何随葬器物。就这样，在不断地发掘、清理、记录中，有幸接触到了贵州悠久的历史、文化及丰富的人民生活。随着发掘的深入，我也深切地感受到每个墓葬都有其背后的故事并为之感动，这种感觉就像是穿越了时空，与当时的人们进行了一场无声的对话。

烤水果

在考古工地两点一线的生活不但充实，而且充满了趣味性。绘图、建模、无人机拍照这些之前感觉很难的事情，在不知不觉中也全部都学会了，而且能独立操作了。在考古工地的后期，由于疫情的影响，工地上的民工阿姨们越来越少了，过了几天不来的同学们也越来越多，大家都被病毒传染了，工地上只剩下几名同学。为了抵抗病毒，大家纷纷用起了土方法，听说橘子烤熟了吃能够预防感冒，于是我们开始每天背几个橘子来一起烤着吃。因为天气太冷了，把棉花糖也拿来烤了，面包、烤肠全部烤了，最后发展到了万物皆可烤的地步。

在贵州进行考古工作，不仅是对这片土地的历史和文化的探寻，更是对我们民族文化的传承和演化的一次回溯。我们能够通过这次考古发掘及对其出土文物的整理，深入了解历史沉淀在这片遗址中文物的形态和内涵，从而更好地认知自己的文化身份，增强文化自豪感。同时，我们也要认识到，考古遗址及出土文物都是我们珍贵的文化遗产，是我们作为子孙后代应该倍加珍惜和保护的。我们需要切实加强文化遗产保护的意识，积极参与保护、宣传和传承文化遗产的行动中，将这些珍贵的文化遗产传承给更多的后人，成为我们中华民族文化的闪光点和特色。

在大松山墓群“耍泥巴”

李 想　　贵州民族大学民族学与历史学学院

考古发掘就像开盲盒，那么考古工作是不是很神秘？考古研究是不是枯涩难懂？每天沉浸于考古工地的考古工作者沉闷呆板吗？贵安新区大松山墓群考古有什么新发现呢？其出土文物又有怎样的风格和特色呢？在上工之前就久闻大松山墓群有新发现，抱着强烈的好奇心、梦寐以求的参与欲望来到了大松山坟坝顶墓群考古工地现场。对于一个未曾到过考古工地“耍泥巴”“玩发掘”的文博专业学生来说，甚是好奇、期待、激动。

初上工地，考古所杨磊老师递给了我一把手铲和小锄头，手把手教我刮面，通过辨别土质土色确定墓坑界线，然后用小锄头小心翼翼地清理墓葬填土。还教导我清理一层填土刮一次面，对有异样的发现及时维护、做好记录，直至清理发掘完整个墓葬。杨老师苦口婆心地又给我讲起了在清理发掘墓葬过程中的诸多注意事项后，给我分派指定了一个“帮扶人”——在工地上已持续清理发掘大半年的、具有丰富经验的民工大爷。首次体验发掘是清理坟坝顶 M870，初对这块“糕饼”，不知从何下手，民工大爷却驾轻就熟地开始对 M870 做起了清理工作。果然，大爷就是大爷，先是对墓葬地表泥

在认真工作的李想

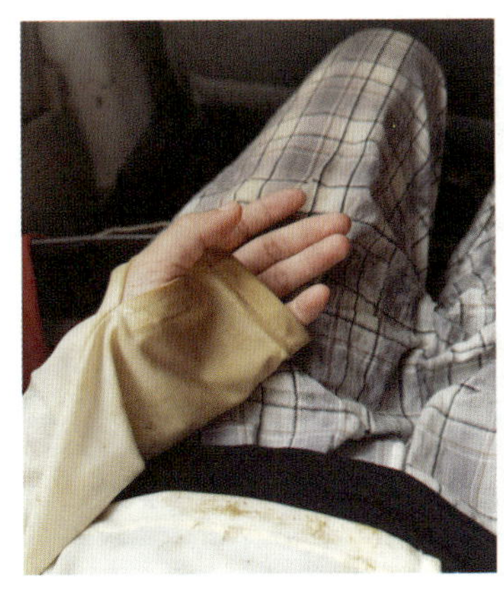

苦中作乐的考古生活

土洒水浸透，片刻后用薅锄刮面确定墓坑边界线。看着大爷游刃有余地操作，随后我默契地配合着大爷开始了墓葬清理发掘工作。秉持着虚心、认真、求真的态度潜心向大爷学习，观看大爷的操作步骤，并向大爷讨教清理、刮面技巧。就这样，考古发掘学习生涯第一次的清理发掘，在与大爷有说有笑的交谈讨教中完成了。

当坟坝顶 M620 被发掘清理后，还完好无损地在墓室西壁（死者脚部）清理出土了一个瓷瓶和扣在瓷瓶上的一个瓷碗。这顿时引来了考古突击发掘队伍、周围民工和指导老师们的围观、鉴赏，大家议论纷纷，此时民工大爷说道：“你小伙可真行啊，昨天来啥都还不会，今天可就清理发掘出宝贝了，看来你还是学得挺快的。”初上工地，首次得到别人的认可，而且这认可还是来自在工地发掘大半年的民工，我心底自然是高兴万分了。

考古也要经历风霜的折磨。未去参加考古发掘时的冰肌玉肤、白嫩小手，在工地上不出两个星期就被侵肌刺骨的寒风刮出一道道裂纹，冻出星星般的裂口；再细看，覆在手指和指间的肌肤上还渗进了一层洗不去的泥色。没错，这就是来大松山考古工地的赫赫战绩。连续近两个月的大松山墓群考古发掘实习实践，我从一无所知的一棵小白菜，经过指导老师们和民工的长期口传身授，变成了一个对考古工作初有感悟的人。在寒冬腊月风刀霜剑的贵安马场考古工地上，我也感受到考古所老师们在生活上的不畏艰辛、不怕苦、不怕累，在工作上的兢兢业业、勤勤恳恳、恪尽职守，在精神上的意志坚定、锲而不舍、持之以恒、甘之如饴。

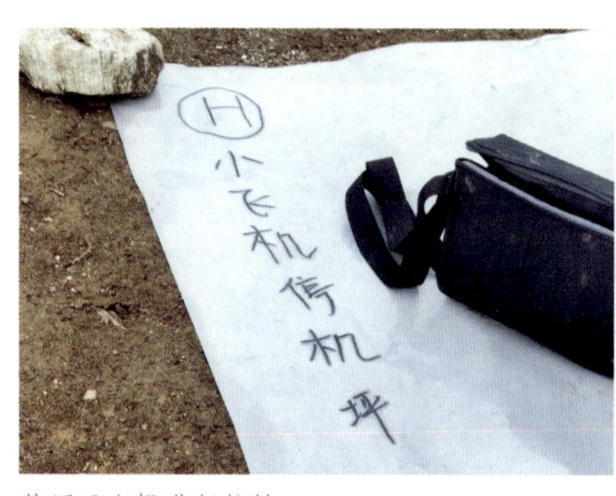

使用无人机进行航拍

我经历了从一开始的一无所知到最终懂得了田野考古发掘的一些基本准则、流程步骤和操作细节，知道了如何使用无人机进行航拍，以及如何使用建模软件墓葬正面、剖面、出土器物进行扫描建模；从最初的心中没数，经过学做记录、学绘图、学飞稳无人机、学拍照、学扫描、学建模……到后来的心中有数。但话说回来，虽然在这两个月内掌握了考古发掘工作的一点儿皮毛，知道了考古发掘工作的一些具体操作流程，但仍谈不上十分熟练，还需要继续提升自己。认识到这一点，我想也属于我在此次考古发掘工作中的另一重要收获。

贵安新区大松山墓群考古突击发掘队近 20 人，由于 12 月中下旬大量感染新冠，核酸检测呈阳性，大部分发掘队员身体不适，影响了发掘进度。作为突击发掘队的成员，我与一年级的四位师弟师妹坚持到了最后。突击发掘队此次共计发掘了 300 来座墓葬，其中我与一年级的禹贵强师弟在此次墓葬发掘中清理的墓葬数量最多，在短短的一个多月内即清理发掘了 50 余座墓葬，发掘出土了数十件文物，包括陶罐、漆器、发钗、瓷瓶、瓷碗、料珠、炭屑、棺木灰等，可谓是此次大松山墓群考古发掘最大的战绩收获。

“工地结束，以后你不再和我们一起上工了，我们还‘念旧’你嘞。”回味来自民工阿姨们对我的“念旧”倾诉。阿姨们不仅和蔼可亲、平易近人，而且还乐于助人。在坟坝顶墓群考古发掘后期，为了最后冲刺发掘，突击进度，给坚持到最后的突击队员分派了民工大爷和民工阿姨，分派给我的是几个和颜悦色的阿姨，几个阿姨十分友好善良，干起活儿来也干净利落。在清理发掘小墓葬时，同时看管几个阿姨清理；在手忙脚乱地做好发掘记录之余，就与几个民工阿姨打成一片，阿姨挖泥巴，我就撮泥巴；阿姨在前面拉斗车，我就在后面推斗车；阿姨蹲着清理墓葬填土累了，我就环顾四周“偷”一把小凳子给她；阿姨说累了，我就和阿姨换着干；阿姨说干不动了，我就让阿姨休息下……总之，阿姨做啥，我就默契地跟着她们做啥。此次大松山墓群考古发掘之行，民工大爷和民工阿姨都十分喜欢我。尤其是在 12 月下旬大量考古队员感染新冠、身体出现不适期间，每天都近距离接触众多病友，虽然时刻戴着两个甚至三个口罩，面对身边的队友一天一个、一天两个或三个地倒下，但我却意外发现自己居然始终一点事都没有，我想也许是得益于每天上工喝民工阿姨们带来的姜茶吧。依稀记得从 12 月中旬起，携手民工阿姨一起清理发掘墓葬时，阿姨们就叫我每天上工不用自带饮用水，喝她们烧来的滚烫姜茶。自此每天上工我就未带过水，阿姨们烧来的大水壶姜茶。大多被我这个“干枯了的水桶”给装下了。也正是得到阿姨们的关怀照料，在新冠病毒肆意妄为地传播之际，我及时的预防有效地避免了新冠感染。在此要感谢民工大爷和民工阿姨们的关怀。

“你画的图越来越有田野考古绘图的味道了，比我都要画得好了。”得到来自胡老师的肯定与表扬，心底自然是乐滋滋的啦。一开始不知怎样在米格纸上下手作画，不懂得单位尺寸，胡乱画一通。交给指导带队老师检查后，一遍又一遍地用橡皮擦了又画，画了又擦。在做一些出土物较多、多座墓葬相互间又存在复杂打破关系的绘图时，不知画了擦、擦了画多少个回合，甚至擦坏了数张米格纸，最后才完美作好一张规范的考古绘图。正是这种反反复复的专业系统训练，加上持之以恒地、艰辛地大量作图，结合从画到擦、从擦到画的学与思，最终才通过量变引起了质变，得到了指导带队老师们的认可，打从心底激起了我对考古工作的敬畏和兴趣。考古发掘就像一个个盲盒一样，等待充满好奇心的我们去发掘打开它。近两个月的系统、专业考古发掘实习，在田野考古理论和方法的加持下，通过身临其境、现场体验考古发掘工作，感受刮地层、清理文物、绘图、拍摄、扫描等，让自己做了一回真正的考古工作者。

我在大松山考古

严再雨　　贵州民族大学民族学与历史学学院

我的本科是经济学，从未接受过考古学科的系统训练，也没有参与过专业性的考古发掘，对于考古发掘的认识更多来自纪录片。考古纪录片向观众展示了考古工作者真实的工作环境，展示了他们在不同遗址发掘的遗迹和遗物，展示了与古代文献相互印证的实物，也留给我们更多对于未知的思考。从考古工作的采访中可以看出他们很辛苦，但是也很幸福。因此我很渴望能像他们一样，参与真正的考古发掘。幸运的是，因为升学，我转到了文物与博物馆专业，学习了考古学、地层学与类型学的理论。而 2022 年底，贵州省考古所也给予了一次在大松山墓群进行考古发掘的机会，我因此经历了一次真正的考古发掘。

当我真正踏入考古工地，看着眼前这片土地下掩盖的墓葬，我的脚步是如此小心翼翼，心情却是无比雀跃。看着那些石室墓、土坑墓、土圹石顶墓，以及墓室中各式各样的随葬品，它们给我掀开了崭新的一页，带给我许多新奇的感受。也许是贵州潮湿多雨的缘故，发现的墓葬中几乎未见墓主人遗骸（之后通过老师讲解才知道，是因为贵州为酸性土壤，有机质的东西降解快，所以残留得很少），但多数墓葬随葬品中都包含银梳背、项饰、手镯、戒指等，这一现象表明墓主人可能是女性居多。虽然我未曾参与她们的生活，也未曾见过她们的模样，更不知她们死去时的年纪，

记录人生中第一个考古发掘出土文物

壮观的考古发掘现场

但这些随葬品却给我一种奇妙的想象：她们生前可能喜欢用梳子挽发，喜欢一些精致的小玩意；抛去不一样的社会生活背景和思想观念，她们就是如我们现在一般爱美。

2022 年 12 月 17 日，我开启了正式的考古发掘之旅。不同于之前知道的考古学的定义、意义等，在贵州考古所老师们的指导下，我们真真切切地在贵安新区坟坝顶墓区学习如何考古。第一天就分到专属小手铲、小锄头等工具，这些工具将是陪伴我们完成这段时间的考古工作的助手，我们也将从此进入“面朝黄土背朝天”的发掘的日子。

考古的魅力在于寻觅古迹，解读出土文物，以多元文化拼凑完整的中华文化的过程。我们参与考古发掘是在冬天，这个严寒的季节还给我们的考古工作带来些许挑战。每天早上 6 点半，睡眠意识和窗外呼啸的寒风相互交织，同起床进行着博弈。我的考古工作总是如期进行，在土坑墓中发掘出器物是考古的一大乐趣。

无疑我是一个幸运的人，我负责发掘的第一个土坑墓就出土了一件青白瓷瓶，这带给我极大的满足感。我仍记得在墓中发现随葬瓷瓶颈部时的兴奋，仍记得用竹片小心翼翼挑去瓶上附着的土壤时的激动，虽然这件器物只是大松山墓群诸多出土物中很普通的一件，但对我而言却是宝贵的、值得珍惜的。当我第一次亲手将它从墓内发掘出来，我一次接触到这件古人曾经使用过的器物时，仿佛是透过器物与古人建立了某种联系，那种满足感真的无法言表，能感受到历史的厚重感和传承的力量。

考古工作很枯燥，不仅需要有耐心，还要有顽强的毅力，才能更好地完成这项工作。在墓葬发掘过程中，不仅仅要熟悉发掘流程，如刮面，找墓边，测量墓向、墓长、墓宽、墓高等，还需要绘图、提取出土物、移交器物至库房、拍照、建模等。但在考古工地的发掘却总是充满新意的，尤其是在刮面和判断墓边时，老师们总是据理力争进行着别样的思想碰撞，同学们在一旁也能学到不少。刮面是一种常用的考古学方法，可用于揭示遗址的不同地层和遗迹。进行考古刮面时，能够明显感受到土质、土色的不同，对于地层的理解不再拘泥于课本上的划分，而变得更加具象化，进一步找寻墓的边缘就更容易。这就不得不提经验老到的民

肥沃土地滋养出的“长毛”砂罐

夕阳下的大松山

工阿姨和叔叔们，他们是居住在附近的居民，我认为他们对于土质土色的认识是高于我们的，他们也是从发掘之初就开始工作的。与我共同发掘的阿姨就告诉我墓边的土较之其他土更为疏松。结合刮面的结果，大致准确的墓边便出来了。墓边一旦确定，对于该墓葬的一切工作便是水到渠成。

考古就像是一场无法确定答案的游戏，我们从前人在遗迹中留下的蛛丝马迹去推测出土器物的功用，尽可能去还原古人的生活风貌。在考古发掘过程中，我们需要与他人互相协作、共同探索、互相学习，在互动的过程中不断学习他人的优点，丰富自身的实践经验。在考古工地的时光总是快乐的，与老师、同学和叔叔阿姨们一同工作时，充满欢声笑语。在我看来，考古发掘的过程是富有魅力和充满吸引力的，其引发了我内心的满足感和对考古的热爱。考古人的工作是富有意义和价值的，为遗迹、文物和历史文化的保存和研究作出了重要贡献。通过发掘遗址，叩问厚土中的遗存，探索古代社会和文明的细节，填补历史的空白。加深对过去社会的认识，可以更好地理解现在，认识到自己所处的时代相对于过去的巨大进步。面对社会、文化、政治或民族问题时，了解和尊重民族的传统、文化和历史，仰望历史，重视历史。

揭开历史的面纱

张文方　　贵州民族大学民族学与历史学学院

在参加此次大松山墓群考古发掘前，考古对我来说是一个全新的领域。此前我对考古的认识，还停留在电视剧和电影中：或是南海归墟、云顶天宫、云南虫谷、龙岭迷窟，摸金校尉们扛着洛阳铲去“倒斗”，带着黑驴蹄子与“粽子”大战；或是考古工作者拿着小铲子小心翼翼地挖掘，用小刷子在墓地石碑上不停地刷刷刷。实际上，前者只是小说作者在民间传说基础上的杜撰，后者也仅仅是整个考古过程中的一部分。而之前我对大松山的认知，也仅是停留在山地森林之间，倘若不是跟随老师同学一起参观学习，我定然至今仍只知其名而已。我常常幻想穿越时空与古人来一次跨越千年的会面，这次大松山墓群发掘实习让我感受到了埋头于书本和俯身朝墓葬的距离之远，也感受到了墓主人与大自然融为一体的历史之近。远离城市喧嚣繁华，身处旷野静谧深处，让我第一次完整认识到了考古的全过程。

考古所胡霖老师在教大家绘图

考古是一个科学严谨的调研过程，其主要环节为调查、发掘、整理和研究。我作为考古发掘“小白”，不敢轻举妄动，在参与本次发掘的过程中，战战兢兢，如履薄冰，但也最终明白了考古发掘主打一个“胆大心细”。发掘工作在考古所老师的指导下进行，从上至下逐层挖掘、清理。在发

坟坝顶出土瓷器

掘过程中，感觉发掘每个墓坑都如同开盲盒一般，发掘时根本不知道里面会有什么。在清理第一座墓葬时异常紧张，心中暗想："千万别扑个空啊！"当发现残缺的陶釜痕迹时，脸上才露出了笑容。

在发掘过程中，首先是一层一层清理填土，通过观察区分土质、土色，判断是否清理到生土层，以此判断是否清理完毕。然后清扫墓底，根据出土的器具大小来丈量、打地基、区分墓葬坑大小，用于分类……只有亲身实践才能体会到其中的复杂。初来乍到，准确地认土、辨土和画线对我而言的确是一个较大的考验。好在通过认真学习，并在各位老师的帮助下，我逐渐能够准确对不同土层进行划分，不得不说这是一件令人很有成就感和收获感的事情。

发掘程序中，对遗迹进行观察、日志记录、拍摄、绘图、采样，每一项都必不可少。其中绘图和拍照对于还是初学者的我来说是两项技能挑战，需要不断学习和积累经验。关于绘图，我经历了从陌生到逐渐熟练的过程。如，墓葬平面图利用三维建模影像导出，使用绘图板将墓圹、器物等一一准确绘出，再将其以 1 ： 10 的比例打印出来，绘制于米格纸上，细节不明确的地方再去现场补充。墓葬的横剖与纵剖则需要现场测绘，从钉钉子打基线、测量到最后成图，是一项需要耐心和细心的工作。此外还需要绘制墓葬中出土器物的具体位置图。绘图结束后，要将绘制的图纸反复进行核对检查，地层、葬具、遗物等重要信息都要以客观、优美的形式展现出来。在后期整理资料时，图纸是绝对重要的一手资料，我很荣幸地参与了部分墓葬绘图。

此次考古工地之行，收获颇丰，切切实实做到了将书本知识与实际相结合。从刚到工地的陌生到逐渐熟悉，不仅是状态的转变，也是认知的转变，想将古代文明尽快展现到世人眼前，再现贵州的历史文化和民族传统，让历史在考古的力证下变得更加透彻，让大众了解历史的每一个脚印。

浏览考古发掘时的工作照，有“几度晨曦照旧起，归来已是夜深时”的早出晚归，谓之辛劳；有“欲渡黄河冰塞川，将登太行雪满山”的重重困难，谓之艰苦；有“山重水复疑无路，柳暗花明又一村”的豁然开朗，也有“千淘万漉虽辛苦，吹尽狂沙始到金”的成就之感。

提到坟墓，人们的第一感觉大多是畏惧，包括我自己。人之所以对坟墓有恐惧感，或是由于对死亡有着与生俱来的恐惧，加之坟墓自带的庄严和神秘感，自然让人敬畏和胆怯。或许这种畏惧更多是源自它的表象，就好似看到一个文身大汉会产生恐惧感一般。一些墓坑里埋葬的已不知是何许人，他们默默睡在此地千余年。或许，他们想一直睡下去，不愿被人搅扰；更或许，他们睡得久了，渴盼着有朝一日能再看看这人世间的蓝天白云。

关于这上千座墓的历史渊源，或许是生活在不同地域的墓主人与世长辞后，在此汇聚成“大松山墓群”。经过千百年沉淀而形成的多彩贵州文化，在这块土地上谱写着耀眼的华章。

后 记

当2022年盛夏的骄阳炙烤黔中大地，大松山的褶皱里涌动着历史的密码。300余名考古人，在探方间织就经纬，从盛夏的骄阳到寒冬的霜雪，用190个昼夜丈量时光，终于在黄土与陶片交织的谱系里，唤醒一部沉睡千年的“地书”。那些星罗棋布的墓葬恍若夜空坠落的星辰，在手铲与毛刷的轻抚下，重现自南朝至明清的烟火人间——陶罐里封存着先民酿酒的温度，铜饰上凝固着匠人捶揲的韵律，精美饰品里氤氲着那时的余香，每一件文物都在诉说着大地亘古的呼吸。

揭开一层一层的黄土，1 400余年的光阴写就了一部“千年地书”，记录着黔中的沧桑变迁与历史脉络。当探方的编号如琴键般铺展，来自五湖四海的考古人便共同谱写着文明的交响曲：白发教授执手铲的手势如持教鞭般郑重，年轻学子跪地绘图的身影宛若朝圣，技工师傅布满老茧的指腹却能温柔抚平铜器的褶皱。这是贵州考古史上宏大的协奏，不同音色的智慧在地层间碰撞，最终凝结为这本散发着泥土清香的珍贵记录。

要感谢的名单很长。那些在探方中躬身劳作的身影，那些在实验室彻夜守候的灯光，那些将残片拼合完整的手掌，都是时光长河中的摆渡人。感谢韦正、白彬、郑君雷、方笑天老师拨冗挥毫，他们的笔尖流淌的不仅是学术的严谨，更是对文明的温情凝视。也要感谢周必素、史忞、李奎、杨磊、左云杰、韩东、王静寂这些考古所同事以及张锦华、毋静帆这两位省内借调的文博界同仁；感谢四川大学的杨凤武、李佳骏和夏青同学；感谢贵州民族大学的陈美娜、李想、禹贵强、李春雨、吴彩莉、张文方、李晴晴、马子璐、王吉才、周英琪、严再雨同学，在帮助我们完成大松山墓群的考古发掘任务的同时，也完成这本记录大松山考古生活的小书——大家都在用自己的方式守护着文明的基因图谱。同时也要感谢贵州人民出版社的编辑们为本书做出的贡献，他们以书籍为舟楫，让考古的温度顺着墨香流淌。

《千年地书》的墨迹已干，大松山的故事仍在续写。当我们以敬畏之心合上这本考古手记，更大的责任正徐徐展开——那些等待整理的陶器残片，那些渴望归类的墓葬数据，都是历史留给我们的未解方程。愿我们永远记得毛刷扫去尘土时的怦然心跳，记得在冻土层发现彩绘时的热泪盈眶，以这样的赤诚继续破译大地写就的密码。因为这不仅是对过去的致敬，更是对未来的承诺：当文明的火种在我们手中代代相传，必将在时光的长廊里，照亮更远的远方。

胡昌国

2025 年 4 月 29 日于曦阳山庄